손양원

애양원과 사랑의 성자

국문판을 재발행하면서

한국기독교는 비교적 짧은 시간에 엄청난 교회 성장은 물론 독자적인 신학적 진보를 이루어왔다. 특히 한국교회의 전래 초기부터 지금까지 이어지고 있는 폭발적인 선교 열정은 21세기 세계 기독교 발전에 중요한 촉매제 역할을 하는 한국기독교의 중요한 특징 가운데 하나로 자리 잡았다. 그리고 한국기독교를 이끌었던 신앙의 선배들은 이러한 열정과 헌신을 담은 설교, 수필, 소설, 시, 그림 등 다양한 형태의 귀중한 결과물을 우리에게 믿음의 유산으로 남겨, 이를 통해 우리가 그들의 삶과 신앙에 접속할 수 있는 기회를 가질 수 있게 되었다.

KIATS(한국고등신학연구원)는 우리의 믿음의 조상들이 발전시켜 온 신앙적 유산들을 재발견하고 국제적인 언어로 소통시키기 위해 오랫동안 노력해 왔다. 2008년 1월부터 출간되기 시작한 한국기독교지도자 작품선집(Korean Christian Leaders Series)과 한국기독교 고전시리즈(Korean Christian Classics Series)는 이러한 노력의 결실이라고 할 수 있다. 우선 한국기독교지도자 작품선집 시리즈는 한국기독교의 면면을 잘 보여주는 주요 지도자들의 작품을 선별하여 각각 국문과 영문 2권으로 출간하였고, 고전시리즈의 경우는 종래에 일반인들이 쉽게 접하기 어려웠던 한국기독교의 중요한 원전들을 '영문 - 국문 - 원문'의 형태로 구성하여 한 권에 담아냈다. 물론 이 두 시리즈 모두 신앙적이고 학문적 가치를 갖는 한국기독교의 중요한 작품들을 우선적으로 그 대상으로 하고 있으며, 각 저자들의 원전을 일일이 대조, 검토하여 그 가치를 더욱 높였다.

이제 우리는 한국기독교의 대표적 인물들의 주요 문헌들뿐만 아니라 이들에 대한 학문적이고 신학적인 분석을 국제적인 언어로 소개할 필요를 느끼게 되었다. 주지하다시피 길선주, 주기철, 손양원 목사와 같은 인물들에 대하여는 이미 많은 연구 논문들과 저서들이 한글로 발행되어 사람들의 관심과 사랑을 받아왔다. 따라서 이러한 신학적인 논의와 전망들을 영어를 비롯한 국제적 언어로 번역하는 작업은 한국기독교의 다양한 신학적 성과를 세계에 알려 지구촌 기독교인들과 공유한다는 측면에서 한국기독교의 세계화의 첫 걸음이 될 수 있을 것이다.

이런 맥락에서 우리는 한국기독교의 대표적인 지도자 중의 한 사람인 손양원 목사의 삶과 신학을 다룬 연구서 『애양원과 사랑의 성자: 손양원』을 세상에 내놓게 되었다. 원래 이 책은 여수 애양원 성산교회와 손양원 목사 선교기념회의 후원으로 차종순 교수(현 호남신학대학교 총장)가 집필하여 『애양원과 손양원 목사』라는 이름으로 2005년 출간된 바 있다. 그러다가 최근 2012년 여수세계엑스포의 개최가 결정되면서, 호남의 성자인 손양원 목사의 삶과 신앙을 국제화 하는 작업의 일환으로 이 책의 영문화가 결정되었고, 이 과정에서 2005년에 발행되었던 한글판 역시 새롭게 가다듬어 재출간하게 되었다. 그리고 새로 발간되는 책의 뒷부분에는 손양원 목사의 사랑과 순교의 열정을 이어가기를 소망하고 애쓰고 있는 손양원 목사 순교기념선교회에 대한 간략한 설명을 추가하여 관심 있는 이들의 이해를 돕고자 했다. 한편 KIATS는 손양원 목사의 설교와 기도문을 포함한 방대한 양의 원 저작들을 해제하는 작업을 진행하고 있는데, 이는 가까운 시일 내에 국문과 영문으로 출간될 예정이다. 아울러 손양원 목사의 일대기를 감동적으로 다룬 안용준의 『사랑의 원자탄』의 영문 번역판 역시 출간을 준비 중에 있다.

이 책을 통해 보다 많은 국내외 사람들이 한국기독교 역사에 등장했던 믿음의 거인들의 삶과 신앙을 접하게 되기를 소망한다. 특별히 손양원 목사의 삶과 신앙을 통해 '원자탄과 같은 위력을 가진 사랑'이라는 기독교 본질을 다시 한번 생각하고, 신앙의 선배들이 보여준 순교자적 열정을 깊이 음미할 수 있을 것이다. 이를 통해 한국기독교의 유산을 되찾고 반추할 뿐만 아니라, 더 나아가 세계기독교의 보편적인 진리와 가르침을 발견하게 되기를 기대한다.

2008년 9월

KIATS를 대표하여, 김재현

엮은이 **KIATS** (Korea Institute for Advanced Theological Studies, 한국고등신학연구원)

KIATS는 세대를 잇는 기독교 인물 양성, 한국 기독교 유산의 집대성과 세계화, 동양과 서양 기독교의 상호이해와 소통, 교회와 성도를 위한 범 교단적인 장을 마련하기 위해 2004년 설립된 단체로 '사람, 인프라, 네트워크'를 강조한다.
'하늘의 비밀을 훔쳐보고 이 땅에 실현하고자 하는 사람'을 발굴하여 세계적 시각으로 기독교 연구를 수행할 능력과 비전을 갖춘 인물을 키우고, '한국 기독교를 위한 연구의 장을 마련'하여 한국 기독교인들이 교회와 신학 연구에 매진할 수 있는 적절한 기반과 여건을 제공하며, '아시아 기독교와 서구 기독교의 파트너 관계를 형성'하여 상호이해와 공동번영을 위한 가교 역할을 하기 위해 매진하고 있다.

지은이: 차종순
엮은이: KIATS
펴낸이: 김재현
펴낸날: 2008년 9월 10일 초판 1쇄 인쇄
2008년 9월 20일 초판 1쇄 발행
펴낸곳: The KIATS Press
110-510 서울시 종로구 동숭동 1-150 / TEL. 02)766-2019
http://www.kiats.net / E-mail: bookkiats@gmail.com
표지 디자인: 이현주(pphyun9529@hanmail.net)
ISBN: 987-89-960550-7-5

손양원

애양원과 사랑의 성자

The KIATS Press

Seoul, Korea, 2008

추천사

2005년 4월, 애양원 성산교회에서는 교회 창립 100주년 기념사업의 일환으로 호남신학대학교 차종순 교수가 집필한 『애양원과 손양원 목사』라는 책을 출간했습니다. 이 책은 애양원에서 사역한 분들 가운데 초기 선교사님들과 목사님들의 사역에 대해 다루고 있으며, 그 중에서도 손양원 목사님의 사역과 순교를 깊이 있게 저술하여 순교성지 애양원을 찾아오는 사람은 물론이고, 나아가 전체 한국교회의 모든 그리스도인들에게 순교신앙을 일깨우고자 하는 목적으로 출간하게 되었습니다. 아쉬운 것은 이 책이 한글로만 출간되었기 때문에 애양원을 방문하는 많은 외국인을 비롯하여 한국기독교사에 관심이 있는 세계 여러 나라의 사람들이 읽을 수가 없었습니다.

이러한 때에 2012년 여수세계엑스포의 개최 결정과 함께 본 선교회원들은 이 책의 영문화 작업에 뜻을 같이 하게 되었습니다. 이는 여수 지역과 애양원을 찾아오는 사람들은 물론, 세계 곳곳에 나가서 사역 중인 선교사들이 그들의 선교현장에서 선교의 극대화를 위해 쓰여질 수 있는 좋은 도구로 이 책이 활용될 수 있을 것이라는 확신에서였습니다. 그래서 본 선교회는 숙의를 모아서 한국고등신학연구원 김재현 박사에게 이 책의 세계화 작업을 의뢰하였고, 2008년 9월 28일 손양원목사 순교 58주년 기념행사에 맞추어 드디어 본 영문판을 출간하게 되었습니다.

이 책은 한 영혼을 구원하는 열매가 어떻게 맺어지고, 그 결과 교회가 어떠한 방식으로 세워지며 부흥하는 지를 잘 보여줄 것입니다. 뿐만 아니라 이 시대를 살고 있는 많은 교회들이 어떻게 빛과 소금의 역할을 감당할 것인지, 더 나아가 세계 선교에 임하는 우리의 자세가 무엇인지를 자세히 가르쳐 줄 것입니다.

애양원이라는 선교 현장과 순교 현장을 잘 정리해서 선교의 좋은 모델을 보여주고 교회가 지향해 나갈 방향을 가르쳐 주며 사회를 향한 모범적 역할이 무엇인지를 잘 알 수 있도록 집필해 주신 차종순 교수에게 깊은 감사를 드립니다. 그리고 무엇보다 영문판 출간의 수고를 기쁨으로 담당하여 오늘이 있게 해주신 김재현 박사와 한국고등신학연구원 연구원들의 노고에도 감사를 드립니다. 아울러 영문 번역 출간을 통해서 온 세계로 지경을 넓히는 일에 적극적으로 물질적인 후원을 해 주신 본 선교회 회원과 교회에도 감사를 드립니다. 마지막으로 또 한 가지 감사할 일이 있습니다. 애양원 성산교회가 손양원 목사님의 설교 중 일부를 발췌하여 각각 한국어와 영어로 출간하는 작업이 또한 한국고등신학연구원에 의해 진행되고 있는데, 이 책이 출간되면 2012년 여수세계엑스포 기간 중 개최될 여수복음엑스포의 사역에도 크게 기여할 것이므로 감사할 일입니다.

다가올 시간들은 예측 불가능의 시간들이어서 영적 각성의 필요성이 더욱 커져 가는 때라고 합니다. 올바른 영성은 사라지고 사이비 영성이 확대되어 가고 있는 혼란한 시기에 이 책은 그리스도인의 "영적 필요"를 채워주고 바른 영성의 길을 가르쳐 줄 가장 좋은 책의 하나라고 확신하면서 출간을 기뻐하며 추천합니다.

2008년 9월 1일
손양원목사순교기념선교회 회장
여수평강교회 담임목사 오현석

발간사

애양원과 선교사님들, 원장님들, 목사님들을 통해서 역사하시고 영광을 받으신 주님을 찬양합니다. 애양원 성산교회는 선교사님들의 사역과 초기 목사님들의 사역, 원장님들의 사역, 그 중에서도 손양원 목사님의 사역을 통해서 세계교회와 한국교회, 애양원을 찾아오는 모든 사람들에게 예수 그리스도를 증거하고 보여주는 일을 감당해 왔습니다.

주님이 쓰셨던 애양원 사역자들의 주님 섬김의 흔적들을 보존하고 그것을 통해서 예수님을 증거코자 했고, 그분들이 주님을 섬겼던 모습들을 책으로 정리해서 예수님을 증거하고 흔들림 없는 주님의 사람들로 세우는 일을 해왔습니다.

이 일을 좀더 잘 감당하기 위해서 여수노회 몇몇 목사님들의 조언에 힘입어 호남신학대학 총장 차종순 교수님께 의뢰하여 애양원의 사역자들을 통해서 역사하신 주님의 역사를 정리하여 책으로 출간 예수님을 더 널리 증거코자 해서 『애양원과 손양원 목사』 라는 책을 출간하게 되었습니다.

본 교회는 2009년 교회 창립 100주년을 바라보며, 창립 100주년 기념사업 제1차 사업으로 『애양원과 손양원 목사』 라는 책을 출간하여 애양원의 사역자들을 쓰셨던 주님을 만나고, 그 주님을 애양원의 사역자들처럼 섬기는 역사가 일어나기를 기도하며 이 책을 출간합니다.

바쁘신 가운데 책을 집필해주신 차종순 총장님께 진심으로 감사를 드립니다. 이 책이 나올 수 있도록 조언과 기도해주신 여수노회 손양원 목사 순교 기념선교회 목사님들께 감사를 드리며, 이 책을 출간하기까지 기도하고 모든 재정을 담당해주신 애양원교회(성산교회) 당회와 제직, 성도 여러분들께 진심으로 감사드립니다.

2005년 2월
애양원 성산교회 담임목사 이광일

추천사

한 시대의 영웅들은 그 사람이 세상을 떠난 후에 역사를 기록한 사가들의 붓끝에서 나온다는 말이 있습니다. 자기를 희생하며 밀알처럼 살아가신 분이 누구였던가 라고 하는 질문에 우리는 여수에 애양동산을 바라보며 그리고 그 동산 식구들을 생각하면서 답을 얻습니다.

손양원 목사님에 대해서는 이제까지 책과 연극, 영화로 그 일대기가 알려져 있으며 많은 사람들에게 사랑의 원자탄, 사랑의 성자로 감동과 존경을 주었습니다. 금번에 교회역사학자요, 신학자인 차종순 목사님에 의해 순교자 손양원 목사님의 삶이 다시 한 번 학문적인 면에서 체계적으로 집필되게 되었으니 감사할 뿐입니다.

손양원 목사님의 순교의 피가 뿌려진 여수는 전국 평균치가 넘는 기독교 인구와 지역 교회가 500여 곳이 넘는 부흥을 이루었습니다. 순교성지에서 목회하는 목사로서 이 또한 감사드릴 일입니다.

이 책을 접하게 될 독자들은 손양원 목사님의 생애뿐 아니라 애양원을 중심으로 이루어진 의료 선교사들의 활동을 통해 호남 선교역사와 의료선교에 대한 귀중한 사료들을 접하게 될 것입니다. 아무쪼록 이 책을 통해 선교를 지망한 학생들에게 좋은 길잡이가 되고, 성도들은 순교를 각오한 신앙을 배우고, 우리 모두에게는 더욱 주의 일에 충성을 다짐하는 기회가 되었으면 합니다. 저는 단숨에 이 책을 읽으면서 다시 한 번 한국 땅에서 의료선교에 목숨을 바쳤던 선교사들과 우리 역사 가운데 가장 처참했던 한 시대를 사랑의 불로 장식했던 손양원 목사님을 그려보면서 감사했습니다.

독자들도 똑같은 생각을 하실 줄 믿습니다.

2005년 2월

손양원 목사 순교기념선교회 회장

여수 동광교회 담임목사 신용호

손 목사 당시 교회

손 목사 당시
예배 장면

애양원 교회 장로들

광주 봉선동 시절의
애양원

애양원과
손양원 목사 가족

손 목사와 당회원들

손양원 목사

순교자 손양원 기념비

손양원 목사
부흥기념
(1950. 3. 13)

원내의 미감아를 가르친 성산국민학교 교직원 및 학생 일동

순교 후 가족 사진
(상복 입은 분이
안재선)

손양원 목사 내외와 두 아들 묘

순교 기념비

순교 기념관

순교 기념관 내부

차 례

제4부 애양원과 손양원 목사

들어가는 말

손양원(孫良源) 목사에게는 그가 어릴 적부터 성인이 되기까지 받았던 다양한 모습의 신앙교육이 그의 삶과 사상의 밑바닥에 깔려있다. 그 가운데 그가 애양원에서 보여주었던 삶(1939년 7월부터 1950년 9월 28일까지)이야말로 그의 삶과 신앙의 절정이었다.

그의 신앙적 삶과 순교는 그를 한국교회 순교의 역사에서 가장 높이 빛나는 소수의 순교자 반열에 서게 하였고, 한국교회의 위상을 선 세계 교회에 알리는 계기를 마련해 주었다. 그의 삶은 예수님과 바울, 주기철(朱基徹)에 이르는 순교자로서의 삶과 포사이드(Wylie H. Forsythe), 윌슨(Robert. M. Wilson), 최흥종(崔興琮) 목사에 이르는 순교적 삶의 요소들을 골고루 갖추고 있다.

손양원 목사는 하늘 보좌를 버리고 인간의 모습으로 오셔서 인간들이 겪는 아픔을 경험하고 결국 그들로부터 배척을 받아 죽기까지 순종하셨던 예수님의 삶을 본받으려고 하였다. 이런 까닭에 그는 "떠난다", "버린다", "내려간다", "순종한다", "부족하다" 등의 동사적 의미의 자기비하(kenosis)를 실천하였다. 아울러 선교사들이 한국 땅에 와서 선교하기까지 고국에서의 편한 삶, 부유한 삶, 동료 사이에서 인정받는 삶을 포기하고(abandon), 한국에서 선교사로 생활하는 동안 아내와 자녀와 자신의 생명을 잃었던(lose) 삶을 그대로 이어받아 실천하고자 했다.

또한 손양원 목사는 선배 최흥종 목사가 한센 환우들과 일생을 같이 하기 위해 1909년부터 광주 봉선동 한센 환우들의 집단 치료소를 건설하기 위해 자신의 땅 1,000평을 내놓고, 의사로서의 삶도 내려놓기 시작하여 1935년에는 생명욕, 성욕, 물욕, 명예욕, 종교욕까지 다 버림으로써(放) 자유함을 맛보고 오로지 하나님께만 충실하려고 했던 삶을 그대로 실천하였다.

그는 또한 인간에 대한 사랑, 즉 베풂의 대상이 될 수 있는 헐벗고 가난하고 아픈 사람들뿐만 아니라 아들을 죽인 사람까지도 그리스도의 사랑으로 개조시키려는 사랑의 열정을 가졌다. 이러한 그의 열정은 한국의 독특한 정치적 현실과 맞물려 더욱 빛을 발하였다.

그렇지만 손양원 목사가 이렇게 자신과 가족까지 내놓을 수 있었던 것은 남들에게 보이지 않는 불붙은 내면적 투쟁의 결과였다. 편안함과 쉼에 대한 육체적 염원을 이기기 위하여 손양원 목사는 동료 목회자들의 냉대, 그리고 차가운 감옥 속에서 자신의 내면에 있는 또 다른 자아와 더불어 불같은 기도를 무기로 삼아 싸웠다. 손양원 목사의 삶과 순교는 내적인 자기 승리를 외적인 승리로 전환시킨 것이었다.

지금까지 순교자 손양원 목사를 높이 추앙하기는 하였어도 손양원 목사에 대한 본격적인 연구는 부족하였다. 특히 손양원 목사의 삶과 사상을 한국의 한센병 선교의 선구자들과 연계하여 기술한 책자는 없었다. 그래서 한국교회사를 공부한 필자는 손양원 목사의 삶과 사상을 한센 환우들을 위한 선교사들의 역사와 한국인 최흥종 목사의 이야기를 곁들여서 기술하려고 노력하였다.

특히 이 책이 여수노회와 애양원 성산교회의 권유로 쓰여 지게 된 것을 감사하게 생각한다. 그리고 애양원의 모든 환우들과 이광일 목사, 여수노회 박병식 목사, 신용호 목사, 윤이남 목사, 오현석 목사, 배용주 목사, 신민철 목사, 박남인 목사 등 여러분에게 깊은 감사를 표한다. 그리고 이 책이 쓰여지는 동안에 여수시청에서 계획한 "애양원 발전계획"에 참여할 수 있었던 큰 수확이며, 김충석 여수 시장에게도 감사를 보낸다.

아무쪼록 이 책이 한국교회의 순교적 영성 회복의 좋은 본보기가 되어서 한국교회의 내면적 성장에 크게 이바지할 수 있기를 바란다. 이 책을 집필하느라고 함께 수고한 가족들과 호남신학대학교에 하나님의 위로가 함께 할 것으로 믿는다.

2004년 11월

광주 양림동 호남신학대학교 선지동산에서

차종순 목사 씀

서언(Prolegomena): 손양원 목사의 삶 이해

손양원의 삶과 순교에는 두 가지 중요한 사건이 있다. 하나는 두 아들을 죽인 학생을 양자로 받아들인 사건이고, 다른 하나는 자신이 신사참배와 공산주의를 끝까지 반대한 사건이다. 전자는 기독교적 사랑의 표현이고, 후자는 기독교적 신념(정절)의 표현이다. 전자는 부모로부터, 후자는 주기철 목사로부터 배웠다. 전자는 체념과 포기를 요구하지만, 후자는 지킴과 양성을 요구한다. 전자의 결과는 "껴안기"이지만, 후자의 결과는 "거절"이었다. 손양원 목사에게 있어 이러한 신앙의 두 가지 모습은 마치 동전의 앞과 뒤를 하나로 엮어 가는 통전적인 삶의 방식이었다.

손양원 목사가 살아가는 과정에서 먼저 배운 것은 부모와 선배 주기철 목사로부터의 사랑과 신앙의 정절이었다. 이 덕목들은 자신이 살았던 시대가 기독교인들에게 요구하는 것이기도 하였다. 자신이 낳은 자식을, 그것도 하나가 아닌 둘을 하루 아침에 잃어버리고, 한센 환우들과 함께 살아가면서 목회자와 노회의 소속된 목사로서의 권리를 버렸던 것은 그가 깨달은 하나님의 사랑이 요구하는 것이었다. 그가 이 사랑을 실천하기 위하여 자식들을 죽인 학생을 양자로 받아들인 것은 기독교적 사랑과 감화를 통한 인간개조의 확신때문이었다. 마치 자신의 삶이 하나님의 사랑을 깨달아 바뀐 것처럼, 그는 그 학생의 삶도 하나님의 사랑만 깨달으면 바뀔 수 있다고 확실히 믿었다. 그리고 일제가 요구하는 신사 참배와 공산주의자들이 요구하는 사상을 거부한 것은 종말론적인 구원에 대한 확신때문이었다.

이 글에서 필자는 이러한 손양원 목사의 통전적인 삶의 방식을 이해하는 데 있어 그의 삶과 신앙을 단순히 연대기적으로 나열하는 방식이 아니라,[1] “허물기와 껴안기” 그리고 “지키기와 거절하기”라는 상관관계로 해석하여 궁극적으로 그 자신을 순교의 제물로 바치기에 이르는 일련의 과정들을 되짚어 보고자 한다.

1. 배우는 청년 손양원

손양원의 집안은 구한말에서 1950년에 이르는 대한민국 근현대사의 한 장면을 여실히 드러낸다. 즉 외래 종교인 기독교를 받아들인 집안이 근현대 역사의 질곡 속에서 어떻게 대처해 왔는가를 잘 보여준다. 그의 집안은 3대에 걸쳐서 한 명의 장로(아버지)와 세 명의 목사(손양원 · 손문준 · 손의원) 그리고 순교자 세 사람(손양원 · 손동인 · 손동신)을 배출했다.

손양원은 1902년 6월 2일 경상남도 함안군 칠원면 구성리 685번지에서 장남으로 태어났고, 아래로 두 남동생(손문준과 손의원)과 여동생 하나(손봉연)가 있었다. 손양원 목사는 초등학교에 다닐 때 한일합방(1910년)을 겪었고, 중등학교 시절 3 · 1만세운동(1919년)을 맞이하여 학교에서 강제 퇴학당하는 아픔을 겪었다. 그 이유는 아버지가 칠원 지방의 3 · 1만세운동을 주동하여 불령선인(不領鮮人)의 자손으로 분류되었기 때문이었다. 그 후 아버지의 권유로 1921년 일본 동경의 쓰가모 중학교 야간부에 입학하였다. 원래 넉넉하지 못하였던 살림이었던데다 아버지가 불령선인으로 분류되어 여러 제재도 받았기 때문에 손양원의 부모는 아들에게 학비를 지원할 수 없었다. 따라서 그는 고학을 하면서 공부를 지속했다.

이와 같이 학창 시절의 손양원은 나라 잃은 설움, 가세의 몰락, 아버지의 독립운동 참여에 따른 각종 불이익이라는 아픔을 겪었지만, 이를 신앙으로 승화시킴으로써 신앙과 국가를 하나로 묶어낼 수 있었다. 구체적으로 청년 손양원은 아버지가 선교사들로부터 받은 보수적인 정통신앙을 비롯하여 아버지의 애국적 신앙을 그대로 물려받았다. 여기에 길선주 목사의 부흥회를 통하여 배운 종말론적인 영성을 덧붙였다. 그는 이처럼 말씀사랑과 기도생활 등으로 이어지는 보수적 신앙의 기초 위에 애국적인 신앙, 종말론적인 영성과 소망을 모두 가지고 성장했던 것이다.

2. 배우고 완성되는 손양원

청년 손양원은 1924년 1월 결혼할 때부터 부산 감만동의 한센 환우 집단 치료소 <상애원>과 깊은 인연을 가졌다. 그는 결혼 후 경상남도 함안군 대산면 옥렬리 소재의 처가를 방문하였다. 당시 시골에 위치한 대부분의 미자립 교회는 선교사의 치리를 받으면서 조사들이 돌보았기 때문에 상주 목회자가 없었다. 옥렬리교회 역시 상주 목회자가 없었던 상황이었는데, 평소 믿음이 좋다고 소문이 났던 손양원이 결혼 후 처갓집을 방문하자 옥렬리교회는 수요일 밤 예배에서 그에게 설교해 줄 것을 부탁하였다.

이날 예배에 참석하였던 사람 가운데 한 사람이 부산 감만동의 한센 환우 집단 치료소 <상애원>에서 기거하던 나 권사였다. 그녀는 손양원의 불 같은 설교에 감동을 받고 돌아가 손양원에 대해 자랑하기 시작했다. 그 후 상애원 환우들은 손양원이 경남성경학교에 입학한 뒤부터 십시일반으로 헌금하여 그가 외지전도사로 근무할 수 있도록 후원하였다. 따라서 손양원 전도사는 상애원 소속의 상주 목회자는 아니었지만 빈번하게 설교하였다. 이 때로부터 맺어진 한센 환우들과의 인연이 목회자로서의 그의 삶 전체를 상애원과 애양원 나환자들과 연결시켜 주었다.

한편 결혼 후 1924년 3월, 다시 일본으로 건너간 손양원은 일본 동양성결교회 소속 판교교회의 담임 나카다 주지(中田重治) 목사로부터 구원과 중생의 체험을 하게 되고, 우치무라 간조(內村鑑三)로부터 영향을 받아 신앙 형성에 또 하나의 전기를 맞이하게 된다. 특히 일본의 조선 침략을 비판하는 발언으로 일본 사회에서 물의를 일으키기도 하였던 우치무라 간조는 기독교의 사회적 책임을 강조하였는데, 손양원 역시 여기에 영향을 받아 복음의 사회적 책임을 대단히 강조하였다.

동년 9월 일본에서 돌아온 손양원은 10월 23일에 진주에 있는 경남성경학교에 입학하여 1926년 3월에 졸업했다. 이 기간에 손양원에게 또 하나의 신앙적 요소가 더해졌는데, 그것은 주기철 목사로부터 배운 종말론적인 순교신앙이었다.

이처럼 손양원은 장로교회 선교사들과 아버지로부터 장로교적 기독교 신앙을 물려받았고, 길선주 목사의 종말론적인 영성, 일본인 나까다 주지 목사의 중생과 구원확신, 우치무라 간조의 복음의 사회적 책임을 배웠다. 여기에 주기철 목사로부터 종말론적인 순교적 신앙을 더하게 되었다. 특히 아버지와 주기철 목사 그리고 우치무라 간조로부터 신앙의 실천, 신앙의 용기를 배웠다. 자신과 가족의 현세적 평안보다는 신앙의 정절을 지키기 위하여 모든 것을 손해 볼 수 있다는 '용기있는 실천력'을 배움으로써 신앙과 삶을 하나로 일치시키는 신행일치(信行一致)의 덕을 몸에 익힐 수 있었다.

손양원 목사는 하나의 신앙유형을 절대시하는 교파주의를 허물어버리고, 성경말씀과 기도에 기초한 복음의 정수만을 지키려 하였다. 또한 당시 교계 지도자들의 신사참배 수용이라는 친일적인 현실 타협주의를 거절하고 부모와 길선주, 주기철 목사로부터 배운 민족적 신앙을 지키려 하였다. 이런 면에서 그에게는 복음의 보편성(ecumenicity)은 있었어도 교파적 편협주의(denominational intolerance)는 없었다. 또한 그의 신앙형성에는 호주 장로교 선교사, 부모, 한국인 목회자와 일본인 목사들까지 가세함으로써 국적이라는 벽이 허물어졌고, 기독교 복음의 보편성만 남아 있었다. 따라서 손양원 목사는 자신의 국가인 대한민국 국민으로서 기독교 신앙을 받아들이고 일제의 신사참배를 거절하면서도 편협한 국수주의적 신앙을 거절하고 국경을 초월한 기독교 복음의 보편성을 지킬 수 있었다.

3. 배우고 봉사하는 손양원

손양원은 경남성경학교를 졸업하고 1926년 3월부터 조선예수교장로회 경남노회 부산시찰에 소속되어 1932년까지 상애원교회, 밀양 수산교회, 울산 방어진교회, 울산 남창교회, 부산 남부민교회, 양산 원동교회 등을 돌보면서 주위의 사람들로부터 '불같은 기도의 사람'으로 알려지기 시작하였다. 후일 그의 별명은 '손불'이었다. 이때부터 그가 여러 지방의 교회를 돌아다니면서 돌보던 습관은 그의 목회자로서의 삶에서 빼놓을 수 없는 중요한 과업으로 자리했다. 즉 초대교회로부터 이어진 선배 목회자들의 순회 설교자로서의 삶을 살게 되었다.

이 기간 손양원은 여러 교회를 돌아다니면서 목회하였지만 <상애원>에서 가장 많은 시간을 보냈다. 그는 상애원 담임목사의 지도아래 전도사로서 봉사하면서 부흥회를 인도하였다. 그 시기가 바로 1932년 봄이었다. 이때 그는 김교신의 『성서조선』을 기초로 부흥회를 시도하였는데, 김교신은 당시 신사참배를 지지하던 교회와 목회자들을 향하여 우치무라의 소위 '무교회 신앙'을 주장했던 인물이다. 하지만 대다수 선교사들과 한국교회 목회자들에게 무교회란 단어는 지금까지 자신들의 업적을 무너뜨리는 무서운 단어였으므로 김교신과 그를 추종하는 사람들에 대하여 이단이라는 굴레를 덮어씌웠고, 손양원 역시 이단으로 몰려 1932년 <상애원>과 경남노회로부터 쫓겨나는 아픔을 겪을 수밖에 없었다.

이를 통해 손양원은 노회의 공식적인 외지 전도사로서의 자리는 잃었지만, 대신 전국을 상대로 한 순회 전도 부흥사라는 새로운 사명을 얻게 되었다. 그래서 당시 교파를 초월하여 전국에서 물의를 일으킨 이용도 계열의 신비주의를 잠재우고 복음적인 입장에서 신사참배 거절에 대한 정당성을 설교할 수 있었다.

1932년 봄부터 1935년 초까지 전국을 상대로 한 순회 부흥사로 지내면서 그는 신앙적, 목회적 지평을 확대시킨 다음, 신학적 지평을 확대시키기 위하여 1935년 4월 5일 평양신학교에 입학하였다. 손양원은 당시 평양신학교의 학생들이 소속 지역별로 구분된 기숙사 건물에서 생활하고 타 지역 소속 학생들과 더불어서 함께 생활하지 않는다는 사실을 알고 기숙사 입사생들의 방배치에서 지역을 무시하고 하나로 통합시키는 제도로 전환시켰다. 이러한 지역 초월정신은 후일 그가 전라도 땅에 위치한 애양원에서 일하게 하는 정신의 기초이기도 하였다.

그가 학창시절과 학생-전도사 시절에 배운 것은 길선주 목사와 주기철 목사의 기도생활에 기초한 기독교 신앙이었다. 이를 통해 하나님을 향한 불붙는 기도와 함께 나라가 처한 현실에서 각종 유혹을 거절하고 하나님께 대한 자신의 신앙 정절을 지킬 수 있는 에너지를 배웠다. 다시 말하여 그는 기독교적 신앙에서 비기독교적인 요소들과 사이비-기독교적인 요소들을 거절함으로 하나님께 대한 자신의 순수한 신앙을 지킬 수 있었다. "거절하기"는 "지키기"의 우선적인 조건이었다.

동시에 손양원은 기독교 신앙의 실천으로서 사회적인 벽을 허물었다. 한센 환우라는 사회적 냉대와 차별의 벽을 허물고, 신학생들의 지역주의라는 벽을 허물고, 심지어 신사참배를 반대하여 감옥에서 종신형을 선고받고서도 교도관들을 전도의 기회로 삼은 것, 자신을 교화시키려는 공산주의자들을 전도하려다가 장총의 개머리판으로 입 주위를 맞아 턱이 돌아가는 상처를 입은 것은 그들을 그리스도의 사람으로 껴안으려는 행동이었다. 그래서 손양원 목사는 일생 동안 "허물기"와 "껴안기"를 병행했다.

4. 실천하는 손양원

1938년 평양신학교를 졸업한 손양원은 곧바로 경남노회에서 목사임직을 청원하였으나 두 가지 사유로 거부당하였다. 하나는 일본의 복음적 · 사회적 실천 목회자 우치무라 간조의 글을 읽음으로써 순수 복음의 입장에서 벗어났다는 것과 다른 하나는 신사참배를 반대했다는 이유에서였다. 이때부터 손양원은 "허물기-껴안기"와 "거절하기-지키기"를 실천하는 목회자로 변신하게 된다.

손양원 목사가 여수 애양원에 부임할 당시의 상황은 국가적으로, 순천노회적으로 그리고 애양원 자체적으로 복잡한 시기였다. 국가적으로는 1937년 중일전쟁이 시작된 이래 일본이 승전보를 계속 보도함으로써 한국의 독립은 점점 더 멀어지고, 민족적인 패배감에 빠져 현실에 순응하는 사람들이 많아지기 시작하였다. 이러한 상황에서 1938년 봄 노회에서 전국의 각 노회가 신사참배를 가결하게 되었는데, 순천노회도 예외는 아니었다. 순천노회는 구례에서 개최된 노회에서 신사참배를 가결하게 되고, 애양원교회 김응규 목사도 참여하고 말았다. 이로 인하여 애양원 원장인 엉거(Kelly J. Unger: 원가리) 목사와 병원장 윌슨(Robert M. Wilson: 우월순) 의사는 새로운 목회자를 물색하기 시작하였다. 애양원 내부는 내부대로 1935년 윌슨 원장이 일본 천황으로부터 그 동안의 봉사를 치하하는 훈장을 받은 데 대하여 일부 분격한 환우들이 비밀단체인 〈일심회〉를 통해 반대운동을 펼치며, 어느 날 이들은 훈장이 보관되어 있던 예배당을 방화하여 훈장과 함께 각종 교회문서까지 몽땅 소각시켜교회의 역사를 훼손하고 말았다.

이러한 분위기에서 새로운 목회자는 1,500여 환우들을 따뜻하게 보살피고 또한 영적으로도 강한능력을 가진 사람이어야 했다. 이런 사랑과 영적인 능력을 다같이 겸비한 인물이 아직 목사임직을 받지 못한 손양원 전도사였다. 손양원 전도사의 부임에 대하여 현재 96세 된 김수남 권사는 이렇게 말한다.

> 평양신학교 1년 다녔던 김영희 전도사가 이곳의 직원으로 와 있었다. 김영희씨가 "그 사람이 나하고 신학교 동창인데 그의 별명이 '손불' 이며, 기도에 열심인 사람으로서 손불을 데려다가 집회를 하는 것이 좋다" 라고 추천하여 손 전도사는 음력 6월에 집회를 하였다. 그 후 신사참배 문제가 심각해지니까, 그는 교회를 맡지 못하고 이곳 저곳 교회에서 부흥회만 하였다. 그 후 김응규 목사가 떠나고, 후임 목사를 물색 하던중, 원가리 선교사가 "신사참배 반대하는 그 사람이 아직 안수를 받지 못하였으나, 그 사람이 바로 목사"라고 하면서, 손양원을 초청하기로 하였다. 그래서 목사안수 받지 않았어도, 목사라고 불렀다.[2]

손양원 전도사는 애양원 환우들로부터 환영을 받았다. 그의 감화력있는 설교는 이미 부흥강사로 초청된 때부터 인정받았으나, 더욱 더 그의 목회를 탄탄하게 한것은 그의 신행일치(信行一致)적 삶이었다.

> '목사님이 설교를 한 그대로 실천하는 사람인가?' 라고 살폈는데, 손목사는 설교한 대로 실천하기 때문에 마음속에 참 목사로 인정하고 모시기 시작하였다. 목사님도 "위대한 사람도 당대는 모르고 지난 다음에야 안다" 라고 하셨다. 목사님의 가르침도 신령하였지만, 부산에서는 심지어 이단이라고까지 말한 사람도 있었다. 부산에서 김교신의 성서조선

을 가지고 설교했는데, 이로 인하여 부산에서 쫓겨났다.[3]

그렇다면 왜 이렇게 평가하였는가? 당시 애양원은 직원 구역과 환우 구역을 철조망으로 분할하여 일반인들은 환우 구역에 허가를 얻은 다음에 출입하였다. 뿐만 아니라 환우들의 구역에 있는 애양원교회의 당회실도 분할되어 있었다. 즉 목회자가 앉는 부분과 환우 장로들이 앉는 부분을 유리로 가로막고, 가운데 유리 창문을 두어서 대화하였다. 하지만 손양원 전도사는 부임 이래로 이러한 칸막이를 제거하였고 환우들의 거처에도 수시로 드나들었다. 당시 애양원에는 환우들 가운데 간호사 역할을 하는 사람들이 있었으며 이들까지도 중환자의 방에는 악취로 인하여 출입을 꺼려하였다. 그런데도 손양원 전도사는 감염이나 악취를 개의치 않고 모든 환자들의 처소를 출입하였다. 손양원은 다음과 같이 말했다고 한다.

> 손 목사님이 다미엔의 이야기를 하면서, "사실 나는 너희들하고 같이 살았으면 좋겠다" 라고 하였다. 본인이 병에 걸릴지 안 걸릴지에 대해서는 관여치 않았다.[4]

이러한 손양원의 행동은 원내의 환우들 뿐만 아니라 동료 직원들과 모든 사람들로부터 칭찬과 인정을 받았다. 그리하여 손양원은 전임 목회자로서의 첫 출발에서부터 자신의 모든 것을 "허물었으며" 이로써 "껴안을" 수 있었다.

손양원의 "허물기"는 예수 그리스도의 자기비하와 자기부정의 실천이었으며 동시에 아들까지 내 놓으시는 아버지 하나님의 사랑과 "잃어버리기(self-lost)"의 실천이었다. 그리하여 손양원 전도사는 신사참배를 반대하여 감옥에 수감되어 있던 기간에도 고역을 시키는 간수들에게 기독교의 복음을 전하였다. 종신형을 선고받아 대구 교도소로 이송된다는 소식을 듣고서도, 그곳의 간수들에게 전도할 수 있는 기회를 주신 것을 감사한다고 말할 정도로 주어진 상황을 "껴안음"으로써 자신이 누려야 할 온갖 특권을 "잃어버렸다".

5. 완성되는 손양원 목사

해방과 함께 다시 애양원의 목회자로 부임한 손양원은 1946년 3월 경남노회에서 목사임직을 받았다. 그렇지만 그의 목회사역은 순탄하지 않았다. 1948년 10월, '여순사건'이 발발하였고, 이 기간 순천사범학교와 순천중학교에 재학 중이던 큰 아들 동인과 작은 아들 동신은 안재선이 이끄는 좌경학생 단체에 의하여 죽음을 당하였다.

이 사건이 일어날 당시에 애양원에서는 손양원 목사와 함께 신사참배를 반대하면서 수감생활을 하였던 이인제 전도사가 부흥회를 인도하고 있었다. 부흥회 기간 어느 날 청년들이 트럭을 타고 애양원에 도착하여 "우리가 동인과 동신을 죽였다" 라며 큰소리로 떠들고 돌아갔다. 이에 애양원의 홍순복 장로가 순천으로 가서 임시로 수습해 놓은 시신을 운구해 돌아와 애양원에서 장례식을 치렀다.[5]

손양원 목사가 아들들의 장례예배 후에 상여 앞에서 "수고와 고생 끝난 후에 ……" 찬송을 부르면서 울음을 보이지 않고 춤을 추는 모습을 어떻게 볼 것인가? 울음을 "거절함으로" 지금까지 순교의 아름다움을 설교해 온 자신을 "지키기" 위한 내면적 투쟁이었다. 이렇게 자신의 아픔과 눈물을 "참음으로"(허물어 버림) 죽음을 앞둔 애양원의 환우들을 "껴안으려" 하였다. 더 나아가 아들들을 죽인 안재선의 생명을 구명하여 양자로 삼은 것은 분노와 미움을 "허물어 버림으로" 한 생명을 살려내기 위한 "껴안음"이었고, 아들 둘을 잃은 자신의 아픔을 "거절함으로" 지금까지 원수를 사랑하라고 설교하였던 자신을 "지키려는" 투쟁이었다. 그 결과 손양원 목사는 장례식에서 「나의 아홉 가지 감사」라는 글을 발표하였다.[6]

손양원 목사는 1950년 7월 23일부터 9월 27일까지 전라도 일대가 북한군에 의하여 점령당하던 기간 여수와 순천에서 또 다시 고통을 겪게 된다. 여수 애양원 안에서도 식량 배급을 받기 위해서는 인민위원회를 조직하고 인공기를 게양해야 한다고 주장하는 친북 조직들이 있었다. 이럴 때마다 손양원 목사는 철저하게 반대하였다. 즉 손양원 목사는 삼위일체 하나님을 거부하는 공산주의를 "거부함으로써" 하나님께 대한 자신의 신앙을 "지키려" 하였다. 이것은 또한 애양원 식구들이 지켜야 할 신앙이 무엇인가를 보여주는 무언(無言)의 가르침이었다.

상황이 점점 악화하여가자 직원들과 환우들의 강요에 의해 피난을 가기 위해 배에서 선상예배까지 드린 후, 직원들은 떠나 보내고 자신은 다시 하선하였다. 나중에 하선 이유를 묻는 서현식 조사에게 "애양원의 환우들을 공산주의로부터 지키기 위해서"라고 대답하였다.[7] 이것은 자신의 생명이 위험에 처할 수도 있는 상황을 알면서도 자신의 목숨을 돌보지 않고 "버림으로" 애양원의 환우들을 "껴안으려" 한 자기희생과 자기비하의 증거였다.

이렇게 손양원 목사가 자신을 버렸지만 애양원의 환우들이 목회자의 마음을 알아주지 못하고 동요하게 되자, 손양원 목사는 10일 간의 부흥회를 선포하고서 매일같이 집회를 지속하였다. 손양원 목사는 "만세반석 열린 곳에 내가 숨어 있으니 ……"(305장) 찬송을 부르면서 "그리스도를 위하여 순교하자"라고 열성적으로 설교하였다.[8]

한편 애양원 환우들 가운데 일부 공산 동조자들이 손양원 목사를 밀고함으로써 손양원 목사는 9월 13일 율촌지역 내무서 사람에게 이끌려갔다. 그곳에는 이미 붙들려 온 사람들이 있었으며, 손양원 목사를 위시한 이들은 다같이 '교회대상자'였다. 며칠 후 손양원 목사는 율촌 내무시에서 여수 내무서로 끌려가 학습을 받았다. 그곳에서도 손양원 목사는 끝까지 공산주의를 인정하지 않고 오히려 공산주의 학습교사를 기독교로 개종시키기 위하여 전도하였고, 같이 수감된 사람들에게도 전도하였다. 또한 1950년 9월 28일 여수에서 광주로 한 줄에 10명씩 묶여서 끌려가면서도 호송하던 사람에게 전도하였다. 생을 마감할 때에도 총을 맞고 쓰러진 다음 아픔과 고통을 참으면서 "주여, 주여" 부르짖었으며,[9] 동시에 자신에게 총을 쏜 사람들을 용서해 줄 것을 하나님께 기도하면서 순교했다.

손양원 목사는 공산주의를 거부함으로써 하나님께 대한 정절을 지키는 신앙의 모범을 보여줌으로써 애양원 환우들을 '풍성한 먹을 거리와 풍요로운 삶을 약속하는 지상의 낙원'이라는 유혹으로부터 지킬 수 있었다. 또한 자신을 공산사상으로 교화시키려 하고, 총의 개머리판으로 때려서 입술이 귀밑으로 돌아가도록 두들겨 팬 사람들까지 기독교로 교화시키려 하고 그들을 위해 용서하는 기도를 드림으로써 미움을 "허물어 버리고" 그리스도의 사랑으로 "껴안으려" 하였다. 이것은 동시에 공산주의와 민주주의라는 인간이 만든 이념적 벽을 "거절함으로" 오로지 삼위로 계시는 하나님 한 분만이 유일한 신이라는 신앙을 "지키려" 했던 것이다.

6. 손양원 목사의 삶과 신앙 정리하기

손양원 목사는 1902년부터 1950년까지 죽음으로써 48년이라는 짧은 삶을 살았다. 집안과 고향 교회로부터 배운 신앙과 중학교를 졸업하고 결혼한 후 경남성경학교에서 주기철 목사를 만나서 배운 신앙이 그의 삶 전체에 흐르는 맥으로 작용하였다. 이를 정리하면 다음과 같다.

	신앙유형	공통점	특징	신앙적 윤리
선교사와 아버지	장로교 신앙	말씀과 기도	칼빈적 예정론, 애국적 신앙	청교도적 삶, 실천적 용기
목사	장로교 신앙	〃	종말론적 영성	
나카다 주지	성결교 신앙	〃	중생과 구원확신	
우치무라 간조	초교파 신앙	〃	복음의 사회적 사명	실천적 용기
목사	장로교 신앙	〃	종말론적 순교신앙	실천적 용기

이렇게 배우고 몸에 익힌 신앙은 그의 삶에서 결코 흔들리지 않는 실천적 신앙으로 유지되었다. 손양원 학생-전도사는 경남노회 소속 순회 외지 전도사로서 1926년부터 1932년까지, 평양에서 능라도교회 전도사로 1935년부터 1938년까지 사역하였다. 그 후 1939년 7월 14일에 애양원교회 담임 전도사로 부임하여 1년 2개월간 사역하다가 1940년 9월 25일 수요예배

후 여수경찰서에 검거되었고, 1945년 8월 17일 해방과 함께 출옥하여 다시 부임해 1946년 3월 경남노회에서 목사임직을 받았으며, 1950년 9월 13일 여수 경찰서 율촌 내무서에 끌려가던 날까지 목회하였다.

이렇게 볼 때 손양원 목사는 여수 애양원에서 담임 목회자로 재직한 11년 2개월 동안 약 5년을 감옥에서 보내고, 나머지 6년 2개월은 담임목사로서 교회를 지켰다. 물론 목회 기간 중에도 주중에는 부흥회에 자주 다녔다. 이러한 손양원 목사의 삶과 목회를 꿰뚫는 사상은 무엇이었는가? 필자는 여기에서 "허물기와 껴안기", "거절하기와 지키기"라는 주제로 정리했다.

	허물기와 껴안기		거절하기와 지키기	
상애원 시절	나환자에 대한 차별	환우들의 마음	감염에 대한 두려움	나환자에 대한 그리스도의 사랑
친일적 교회를 보면서	미온적 신앙태도	기도와 순교신앙	친일적-현실유지 신앙	하나님께 대한 정절과 우찌무라 유형의 신앙
평양 신학생 시절	지역차별주의	사랑의 하나되기	신사참배와 친일적 신앙	하나님께 대한 정절
일제치하 및 애양원 부임	목회자와 교인의 차별	환우들의 마음	당회장의 권리	그리스도의 사랑
수감기간	자유에 대한 염원	가족과 교인들의 신앙	신사참배	하나님께 대한 정절과 전도의 기회
여순사건 기간	원수에 대한 증오	애양원 환우들의 마음	눈물 거부	순교와 종말론적 기쁨 인간개조의 확신
공산치하	식량배급 및 일시적 평안함	환우들의 안정	공산사상	종말론적 순교신앙
본인의 순교	피랍자와 가해자의 구별	전도자의 삶	공산사상	종말론적인 순교신앙 전도의 기회

손양원 목사의 삶과 신앙은 삼위일체 하나님과의 사적(私的)인 만남을 자신이 몸담고 살았던 시대의 사회 속에서 공적(公的) 행동으로 말할 수 있었던 신행일치의 모범을 보여주었다. 또한 손양원 목사는 대담성, 과감성, 당위성의 덕목을 고루 갖춘, 모든 시대에 걸쳐서 언제나 대두되는 비-기독교적인 그리고 사이비-기독교적인 유혹을 이겨낼 수 있는 덕의 사람이었다.

정리하면 손양원 목사는 일생 동안 내면적 투쟁 속에서 그리스도 우선적으로 살았던 한 인간이자 목회자였고, 그의 삶에서 볼 수 있었던 순교적 자세는 타고난 것이라기보다는 배운 것이었다. 즉 손양원 목사는 이러한 신앙적 배움을 실천에 옮길 수 있었던 용기있는 신앙인이었던 것이다.

제1부 한국 한센병 선교의 시작

제1장 의료 선교의 시작과 한국의 질병들

한국에서 선교하던 각 교단은 중앙에 한국 선교회를 그리고 각 지방에는 선교부(Mission Station)를 두었다. 지방에 위치한 선교부에는 4개 직종의 선교사가 상주해야 하는데, 복음전파를 담당할 목사 선교사(minister), 의료선교를 담당한 의사 선교사(medical doctor), 교육을 담당한 교육 선교사(teacher) 그리고 부녀자와 아동을 맡은 독신 여성 선교사(single lady)가 있었다.

미국 남장로교 한국 선교회는 서울에 중앙 본부를 두고 1896년에 군산과 전주, 1898년에 목포, 1904년에 광주 그리고 1913년에 순천 선교부를 설립하였다. 각 선교부는 가장 필수적인 인원으로 목사와 의사 선교사를 내세웠다. 왜냐하면 목사는 교사를 겸할 수 있었고, 목사와 의사 선교사 그리고 이들의 아내들이 교육 선교사를 겸할 수 있었기 때문이었다.

한국에서 의료선교사들의 활동은 어떠했는가? 특히 미국 남장로교 한국 선교회 소속 의사 선교사들의 한센병 선교활동은 어떠했는가? 이를 알아보기 위하여 우선 당시 한국에 만연했던 질병과 한국의 전통치료 방법 등을 살펴보고 넘어가도록 하자.

* 한국에 만연된 질병

한국에 만연된 질병은 무엇이었을까? 알렌(Horace N. Allen)은 1885년 4월 홍영식이 살던 집을 얻어 <제중원>을 시작했다. 병원을 찾은 환자들은 남성들로서 피부병, 내분비선 부종, 매독, 그리고 각종 외과 환자들이 주를 이루었다. 이러한 현상은 여성들에게도 마찬가지였다. 특히 한국에서는 상류층 여성들은 왕진을 통해서, 하류층 여성들은 진료소를 찾아오는 환자를 상대로 치료하였다.

감리교 여의사 로제타 셔우드(Rosetta Sherwood)는 한국에 도착하여 처음 진료한 500명의 환자 가운데 50여 가지의 각종 질병을 발견했는데, 주로 내분비선 부종, 갑상선종, 매독, 기생충, 눈, 귀, 피부병 등이었다.

미국 북장로교회 의료 선교사 헌터 웰스(Hunter Wells)는 한국에 온 첫해(1894년)에 치료한 4,000여 건의 환자 가운데 가장 흔한 것이 소화불량으로, 흔히 말라리아와 같이 일어나거나 말라리아의 후유증이었다고 적고 있다. 에비슨(Oliver R. Avison)도 말라리아는 한국에서 가장 흔한 질병이었다는데 동의하였다. 그 밖에도 각종 역병으로서 콜레라, 천연두, 열병, 각종 피부병, 폐결핵, 한센병 등이 성행하였다.

초기 의료 선교사들은 한국에서 다양한 질병을 치료하였지만, 종합적으로 말해 피부병 계열의 습진, 매독, 한센병, 호흡기 계통의 각종 질병, 소화기 계열의 각종 전염성 질병, 그리고 해마다 유행하는 콜레라, 천연두 등이 대부분을 차지했다.

그렇다면 이렇게 다양한 질병이 발병하는 가장 주된 원인은 무엇이었을까? 대부분의 의료선교사들은 한국인들의 위생관념과 위생시설의 결핍이 질병 발생의 가장 큰 원인이라고 말하고 있다.[11] 그리고 그 가운데서도 초가집과 화장실을 대표적인 비위생적인 곳으로 꼽았다.[12]

이처럼 비위생적인 환경에는 토착적 풍토병이 항상 도사렸다. 설상가상으로 여름이 되면 역병이 만연하여 수많은 사람의 생명을 앗아 갔다. 그러나 질병을 앓을 때 한국인은 전통적인 한방치료에 의존하였다. 의료선교사들은 한방치료의 한 방법인 침술로 인한 후유증이 굉장히 심각한 것에 놀라면서 그 위험성을 자주 보고하였다.[13] 한편 한의학으로 치료를 하였으나 효과가 없는 경우, 자연히 무당이나 주술사를 찾아갔다. 한국 여행기를 쓴 비숍(Isabella Bishop)은 축귀사(逐鬼邪, 귀신을 쫓아내는 것)는 샤먼으로서 주로 여자였는데 무당이라고 부르기도 하였고, 악귀를 다스릴 수 있는 존재라고 말했다. 20세기로 넘어올 당시 서울에만 4,000명의 강신무당(降神巫堂, 일반적으로 무당이 될 징후인 신병(神病)을 앓고 내림굿을 통해 신을 받은 무당을 일컬음)이 있을 정도였다.

마지막으로 온갖 종류의 열병 역시 끊임없는 위협이었다. 한센병은 콜레라, 천연두 혹은 각종 열병과 같이 흔한 것은 아니었을지라도 이 병은 끔찍했다. 수세기 동안 치료방법이나 진단도 없었으며 이 병에 감염되면 길거리로 쫓겨 다니면서 구걸로 연명하는 신세가 되었다. 한센병은 특히 남쪽 지방에 만연하였다. 에비슨은 1897년 기록에서 "부산에 6주 동안 머무는 동안 병원에 도움을 청하러 오는 이 불행한 사람들을 상당수 보았다. 이곳 서울에서는 그 수가 그렇게 많지는 않으며, 남쪽에서부터 떠돌면서 서울까지 올라온 사람을 제외하고는 실제적으로 거의 없었다"[14] 고 적고 있다.

제2장 한센병 집단 치료소의 설치

에비슨이 한센병은 주로 남쪽에서 발병하는 질병이라고 지적하였듯이 한센병 환자는 경상도와 전라도에 많았다. 선교사들이 전하는 남쪽 지방의 한센병 환자는 약 30,000여 명이었는데,[15] 1912년까지 이들을 치료할 수 있는 시설은 부산 <상애원> 뿐이었다. 그러다 1912년에는 광주 <애양원>이, 1913년에는 대구 <애락원>이 차례로 설립되었다.

1. 부산 상애원

부산과 경상남도 선교는 데이비스(J. Henry Davies)가 1889년 10월 누이동생과 함께 호주장로교 선교사로 한국에 오면서 시작되었다. 그들은 서울에서 5개월 여에 걸쳐 선교 준비를 마치고 부산으로 향했다. 그런데 1890년 4월 15일 부산에 가까이 이르러 천연두와 급성폐렴에 걸려 세상을 떠나고 말았다. 이 사건으로 호주 장로교 선교회는 경상도 선교를 잠시 중단하였다.

이후 부산과 경상남도 지역은 미국 북장로교 한국 선교회 소속 베어드(William M. Baird: 배위량) 목사가 담당했다. 그는 아내와 함께 1891년 3월부터 1895년 12월까지 선교활동을 계속하였다. 이 기간에 부산 선교부의 의료선교사로 한국에 온 사람이 어빈(Charles H. Irvin: 어을빈)이다. 그는 1893년에 부산에 도착하여 의사 선교사로 활동하다가 1903년 <전킨

기념병원>을 세워 환자들을 치료하면서 복음을 전했다. 그리고 1906년에 이르러 찾아오는 한센병 환자들을 집단으로 격리 치료하기 위하여 <상애원>을 세웠다.[16]

이렇게 시작된 상애원은 〈인도와 동양의 한센병 환자를 위한 선교회(Mission to Lepers in India and the East)>로부터 지원을 받아 100명의 환자를 격리 치료시킬 수 있는 건물을 지었다.

이때부터 부산지역은 미국 북장로교 선교회 구역에 포함되었고 어빈이 활동하였다. 1911년에 윈(George H. Winn) 의사가 제출한 부산 상애원의 보고서를 통해서 이 병원의 상황을 알 수 있다.

> 우리는 이들이 한 가정 안에서 다른 사람과 함께 살기도 하고 또한 함께 예배하는 모습을 흔히 보는데, 이들은 그 전염성에 대하여 전무한 상태다. …… 병의 상태를 완화시키고, 전염의 위험성에 대하여 사람들에게 심어주고, 격리를 통한 정당한 치료 방법을 알리고, 불쌍한 환자에게 사기를 불어넣기 위하여 부산의 나환자 보호시설이 설립되었다. 입에서 입으로 전해 듣고 환자들이 찾아오는데 그 딱한 사정은 말로 할 수 없다. …… 지난해 입원 환자의 숫자는 19명에서 57명 사이였다. 평균 43명이었다. 그 가운데에서 7명이 죽었으며 이제는 51명이 있다. 그 가운데 한 명은 밖에서 지원을 받기 때문에, 고국의 후원회의 지원을 받는 사람은 50명이다. 재정적 지원만 있었다면 20명쯤은 더 받을 수 있었을 것이다. …… 입원하는 환자들에게는 성경과 찬송을 주며, 글을 모르면 배우도록 유도한다. 그렇게 하기 위하여 아침 식사 후 공부시간

을 꼭 지켜야 한다. 그 시간에는 읽기와 쓰기를 배운다. …… 어빈(Dr. Irvin)이 떠나기까지 환자들은 정기적인 치료를 받았다. …… 엥겔(Mr. Engel)이 책임자이며 또한 목사를 맡고 있다. 보호소는 교회조직으로 이루어져 있으며, 정기적인 주일과 수요 예배를 지킨다. 면밀한 심사를 통하여 지난 해에 22명을 요리문답 교인으로 받아들였다. …… 우리가 알기로는 부산 진료소야말로 한국 내에서 이와 같은 기능을 가진 유일한 기관이다. 보호소는 치료에 상당한 효과를 보았으며, 이보다도 더욱 중요한 영혼의 나병까지 치료한다.[17]

이처럼 한센병 환자들을 위한 지원을 아끼지 않은 선교기관은 〈인도와 동양의 한센병 환자를 위한 선교회〉였다. 1929년에 이르러 상애원의 상황을 멕켄지(James Noble McKenzie: 매견시)는 다음과 같이 보고하였다.[18]

본 원은 창립이래 18년 동안에 치료환자 총수가 4,260인에 달하였나이다. 지금부터 11년 전만 하여도 입원 환자 중에 매년 죽는 자가 4분의 1씩은 되었나이다. 처음에는 콜무그라 기름 치료를 실험적으로 초기환자에게 한하여 행하였으나 차차 그 치료의 범위가 넓어짐에 따라서 사망률이 해마다 줄어서 사망자가 100의 2에 불과하게 되었나이다.[19]

멕켄지는 특히 애양원의 윌슨 의사로부터 콜무그라 기름과 여타 제약 방법을 배워 부산 상애원에서도 큰 효과가 있었다고 보고하였다.

순천 나병원에 계신 윌슨 박사는 특별 시약(施藥) 방면에서 많은 고문(顧問)을 하십니다. 그래서 병세가 그리 심하지 않은 환자 중에서 그 병원에 가서 제약 일을 배우게 되었나이다. 그 결과 완치자 중에 제약에 자격을 가진 자도 있게 되어서 지금 약방에서는 역원의 부족을 느끼지 아니합니다.[20]

또한 멕켄지 목사의 글을 통하여 상애원에는 일반인들을 위한 교회와 격리된 환자들을 위한 교회가 있다는 것을 알 수 있다. 그런데 격리원의 환자들은 100% 기독교인인 반면, 일반인들이 거주하는 곳은 이에 미치지 못하였다. 멕켄지의 보고에 따르면 다음과 같다.

위에서 이미 말한 문동촌에는 훌륭한 예배당이 있는데 강단과 종각과 시계 등이 구비되어 있습니다. 이 교회는 나의 관리하는 구역 안에 있는 한 교회인데, 세례인이 48이요, 원입인이 160이외다. 우리 격리원 안에 있는 교회는 계속 흥왕하고 있습니다. 교우들은 자기 교회목사만 자급할 뿐 아니라 믿지 않은 동리에 들어가서 교회를 세우라고 열심히 활동하는 중이외다. 이 예배당 목사는 교우자급으로 월급 30원씩 받는데 지난 3년 반 동안이나 교회의 재정문제에는 아무 걱정도 없이 관계도 아니하고 교우가 전부 부담하여 가는 중입니다. …… 이 교회의 세례인은 140인이요, 원입인은 59인인데 격리원에 유숙하는 자는 누구를 물론하고 다 예수 그리스도를 믿는다고 고백합니다.[21]

여기서 1929년 상애원의 격리원에서 활동하는 목사가 누구일까 라는 의문이 들 수 있다. 손양원 전도사가 1926년에 경남성경학교를 졸업하고 경남노회 순회전도사로 1932년까지 활동하였던 사실을 미루어 볼 때, 그 당시의 목회자 가운데 한 사람으로서 "믿지 않은 동리에 들어가서 교회를 세우라고 열심히 활동하는 중이외다" 라고 말했던 전도자는 손양원일 가능성이 크다.

2. 광주 애양원

광주 애양원의 출발은 상세한 보고를 통해 알 수 있다. 1898년부터 목포에서 사역하기 시작한 오웬(Clement C. Owen: 오기원)[22] 목사-의사는 1904년 12월부터 광주 선교부로 옮겨와서 전라남도 동남부에 있는 화순, 보성, 장흥, 고흥, 순천, 구례, 여수, 광양 등지에서 선교활동을 했다. 이렇게 왕성하게 활동하던 중 1909년 4월에 장흥군 교회를 순회하다가 급성 폐렴에 걸렸다. 오웬은 3일 동안 가마에 실려 광주로 이송되었으나 그를 진찰하던 윌슨 의사는 상태가 매우 심각하다고 판단하여 목포 선교병원에서 사역하던 포사이드(Wylie H. Forsythe: 포위렴)[23] 의사에게 급히 광주로 오라고 전보를 보냈다. 포사이드는 목포에서 광주로 오다가 길가에서 구원을 요청하는 여자 나환자를 데리고 자신이 타고 오던 말에 태워서 광주 선교병원으로 왔다. 포사이드가 광주에 도착하였을 때 오웬은 이미 싸늘한 시신이 되어 있었다.

오웬의 부인은 미국 남장로교 선교 본부에서 발행하는 *The Missionary*

에 「한센병 환자와 선한 사마리아인(The Leper and the Good Samaritan)」이라는 제목으로 다음과 같이 기고했다.

> 오웬 의사의 치명적인 질병치료에 대한 논의를 위하여 전보를 받고 광주에 도착하기 전 13마일쯤 떨어진 곳에서 포사이드는 길가에 누워있는 여자 나환자를 보았다. 자신에 대한 위험을 생각지 않고, 오로지 주님께서 하신 대로 행하려는 마음에서, 그녀를 안아 말에 태우고 광주까지 걸어서 왔다. 진료소에서 이틀을 보낸 후 윌슨은 옛 벽돌가마에 임시숙소를 정하였다. …… 벽돌가마에 모인 사람들은 그녀가 길을 걷고, 힘든 곳에서는 포사이드 의사가 겁 없이 손으로 부추기는 것을 보았다. 포사이드 의사는 모든 점에서 신사이고 또한 신사복을 입었으나, 때때로 그 여자의 손을 잡았다, 병으로 일그러지고, 더럽고, 돌보지 않은 그 손을. 그녀의 머리는 수개월, 수년을 빗지 않았으며, 그녀의 옷은 누더기에 더러웠으며, 발과 손은 부어 올랐으며 견딜 수 없는 냄새를 풍겼다. 한발은 짚신이고 다른 한발은 종이로 감았다. 걸을 때에도 심하게 절었다.[24]

최흥종은 50여 년이 지난 1960년에 이 일을 회상하면서 『호남일보』에 「구라사업(救癩事業, 나병환자의 치료와 예방 및 완쾌된 사람의 사회복귀를 도모하고 이들에 대한 사회적 편견을 바로잡기 위한 사업) 50년사 개요」라는 제목으로 4차례에 걸쳐서 기고하였다.

1908년(단기 4241년) 초하경(初夏頃, 초여름 무렵)의 일입니다. 광주 양림동에 있는 미국 선교사 "우월순" 의사가 있었는데 이 사람으로 말하면 나와 친근한 사람이었습니다. 나는 그에게 우리말과 한글을 가르쳤고 그는 나에게 의료기술을 가르쳐주었던 터라 그날도 "우월순" 의사에게 우리말을 가르치고 정오쯤 귀가하려고 나오는 도중에 차마 볼 수 없는 극흉한 나환자를 말 위에 태우고 와서 내려놓고 그 환자의 겨드랑이를 부액(扶腋, 곁부축)하고 오는 서양인과 마주치게 되었습니다. 보니 역시 잘 아는 선교사 포사이드 의사여서 한편 놀라면서 "포" 의사 오십니까? 하고 인사한즉 "예 편안하시오" 다정스러운 답례를 하며 나환자는 그때 마침 오른손에 들고 있는 참대 지팡이를 떨어뜨렸습니다. 포 의사는 다시 날보고 "형님 저 지팡이 좀 집어주시오" 하는 것이었습니다. 하지만 나는 집어주는 것을 주저하였습니다. 지팡이에는 고름인가 핏물인가 더러운 진물이 묻어 있었고 환자를 살펴본즉 흡사 썩은 송장이요 다 없어지고 두 가락밖에 남지 않은 손가락은 그나마도 헐어서 목불인견(目不忍見)이었고, 또 한 가지 까닭은 그 때만하여도 나환자의 수효는 희소하였으나 보이는 환자마다 이렇듯이 극으로 흉스러워 나환자에 대한 증오감이 대단했던 때였기 때문입니다.[25]

최흥종은 포사이드의 선한 행동에서 예수님의 모습을 발견했다. 최흥종 목사는 종교개혁자 루터(Martin Luther)가 "네가 네 이웃에게 작은 예수가 되어줄 때에 그리스도는 성육신 한다"[26], "모든 인간은 다른 사람을 위하여 창조되었고 또 그렇게 태어났다. …… 우리가 가지고 있는 일체는 봉사하는 것이어야 하는데, 그것이 봉사하는 것이 아니라면 그것은 찬탈하는 것이다"[27] 라고 한 말을 실감하였다.

포사이드는 자신의 건강을 돌보지 않고 전심전력을 다해 한국인 환자들을 돌보다가 "알 수 없는 동양의 풍토병(Sprue: 구강염과 설사병)에 걸려, 본국으로 되돌아가라는 조치에 따라"[28] 미국으로 건너갔다. 그의 마음에는 언제나 환자, 장애인, 늙은이, 무의무탁한 어린이, 부랑자, 문둥이가 있었다. 그래서 포사이드 의사의 사망 소식을 들은 동료 선교사들도 "사람이 되신 예수(The Jesus Man)" 혹은 "우리 가운데 오신 예수(Jesus again among us)"[29] 라고 표현할 정도였다.

3. 대구 애락원

대구의 애락원은 대구 선교병원(동산병원)의 의사로 부임한 플레쳐(Archibald G. Fletcher)가 1913년부터 한센병 환자들을 격리 입원시켜 치료함으로써 시작되었다. 1929년, 플레쳐는 다음과 같이 회고했다.

> 대구 문동병원
> 이 문동병원은 지금부터 15년 전 경에 창립되었는데 창립 당시에는 작은 초가집에 수십 명의 문둥이가 모여 있었다. 그러다가 주께서 이 사업에 축복하여 주셔서 지금은 4백 문둥이를 수용할 수 있는 건물을 세웠다. …… 본 도 안에 있는 문둥 환자의 수효가 5천 5백 명을 계상하는데 이 많은 환자를 위하여 상당한 치료방도가 없다.[30]

선교사들은 아직 거친 표현으로 한센병을 표현하였지만, 그들의 마음은 천사와 같았다. 이상 3곳의 기독교 선교회에서 시작한 한센병 집단 진료소는 현재에 와서 애양원을 제외하고는 다 없어졌다. 그 이유는 광주 기독교 병원 원장인 윌슨과 한국인 최흥종 목사가 인간애에 의한 따뜻한 사랑의 인술을 폈기 때문이었다. 손양원 목사가 애양원에서 한센 환우들과 더불어 생활하면서 순교에 이른 것은 선배 선교사와 목사의 정신을 이어받은 것이라고 말할 수 있다.

제2부 광주 봉선동 설립의 세 주역들

부산 지역이 1912년부터 호주장로교 선교구역으로 재편입되자 미국 북장로교 의료 선교사로서 부산의 상애원에서 헌신하던 어빈은 선교사직을 사임하고 부산에서 개업의로 변신하였다. 그 무렵 광주에서는 윌슨과 동료 선교사들이 벽돌가마를 한센병 환자들을 위한 임시 거처로 사용하다가 자체적으로 모금하여 선교 진료소 뒤쪽에 3칸 기와집을 지어서 돌보았다.[31]

윌슨은 이곳에서 1909년부터 1912년 11월 광주 봉선동 한센병 병원에서 환우들이 집단적으로 치료받게 되기까지 6~10여명 정도의 한센 환우들을 돌보았고, 영국과 미국에 있는 나환자 선교단체에 도움을 요청하였다. 이와 함께 <인도와 동양 나환자 선교회>에서 기증한 5,000달러로 건축을 하고자 했다.[32] 이제 필요한 것은 건축할 부지를 확보하는 것이었는데, 이 문제는 당시 최흥종은 광주군 효천면 봉선리에 소유하고 있던 자신의 땅 1,000평을 기증하여 해결되었다. 이후 최흥종은 이렇게 회고하였다.

> 우월순 박사는 국내에 있는 다른 선교사들에게도 협조를 호소하는 한편 멀리 본국에다가도 사진을 찍어 보내고 언론기관을 통하여 한국 구라 문제를 호소하며 의연금을 얻어 나병원을 확충시키는 등 눈부신 활약을 하였는데 내가 1914년경 신학을 공부하러 광주를 떠날 때까지 그의 사업을 도왔으니 봉선리에다 광주 나병원 자리를 잡게 된 것도 그곳

에 내 소유 토지 임야 산 번 약 1,000평이 있는 그것을 기증함으로써 부근 토지를 더 구입하여 기지를 확장한 것인데, …… [33]

1912년 11월 15일 40여 명이 치료받을 수 있는 광주 한센병원이 완공되어 입당예배를 드렸다. 1912년 8월, 광주 양림교회에서 장로 임직을 받은 최흥종은 윌슨 의사의 조수와 봉선리 한센병 집단 치료소의 한국인 책임자로서 한센환자를 돌보았다. 이 당시 최흥종은 한센병에 관한 공부를 계속하여 환자를 돌보는 의사로 일생을 마치려 하였다. 윌슨은 이 부분을 자세히 보고하고 있다.

지역교회의 장로이며 지나간 4년 동안 병원에서 나의 정규적인 조수로 지냈던 최 선생을 책임자로 갖게 되어 매우 다행이며, 그는 이 일에 매우 적임자이다. 그는 나병에 특히 관심을 가지고 있으며 어디엔가 가서 이 질병을 공부하려고 하지만, 실현가능성이 없다. 그는 다양한 약을 실험할 수 있는 기회를 가지고 있다. …… 최 선생은 26명의 환자에게 오늘 피하주사를 실시하였다고 한다. 우리는 환자들에게 새로운 약을 실험 중이다.[34]

최흥종은 윌슨의 조수로 광주 봉선동 한센병 집단 치료소의 한국인 책임자를 맡아서 의학적인 진료와 함께 영적인 치료를 하였다.

이처럼 광주 한센병 집단 치료소가 세워지고 그곳이 순천으로 옮겨져 애양원이 되기까지는 포사이드, 윌슨, 한국인 최흥종 목사 세 사람의 헌신이 있었기에 가능했다. 다음에서 애양원과 깊은 관련이 있는 이들 세 주역들에 대해 자세히 살펴보도록 하자.

제1장 포사이드(W. H. Forsythe: 포위렴)

1. 출생과 의학공부

포사이드(Wylie Hamilton Forsythe)는 1873년 12월 25일 켄터키 주 머서(Mercer county, Kentucky)에서 태어났다. 아버지는 요셉 헤밀톤(Joseph H. Forsythe)이고, 어머니는 아델리아 샤이록(Adelia S. Forsythe)이며, 할아버지는 앤드류 포사이드(Andrew Forsythe)이고, 할머니는 나르키스 윌리(N. Wylie Forsythe)이다. 그는 할머니로부터 윌리(Wylie) 라는 이름을 가져오고 아버지로부터 해밀톤(Hamilton)이라는 이름을 가져왔다. 그의 아버지는 포사이드가 어렸을 적에 세상을 떠났고, 이후 집안에서 아버지 역할을 평생 감당하였다. 포사이드는 여느 아이들처럼 말을 타고, 낚시를 하고, 등산을 하면서 자랐다. 그의 가정은 매우 경건한 신앙생활을 유지했는데, 수요일 오후에는 농사를 쉬고 저녁예배를 드리곤 했다.

1891년, 포사이드의 어머니는 자녀 교육을 위해 자녀들을 데리고 미주리주 풀톤(Fulton, Missouri)으로 이사를 갔다. 그곳에서 어머니는 먼 친척의 도움으로 집을 얻어 자녀들의 교육이 끝날 때까지 함께 기거하였다. 풀톤은 주로 남부지방에 속하는 버지니아(Virginia), 켄터기(Kentucky) 등에서 유학 온 학생들이 공부하는 도시였다. 포사이드는 이 도시에 있는 웨스트민스터 대학(Westminster College)에 입학하였다.

풀톤 시는 해외 선교의 열기가 넘치는 도시였다. 남장로교 소속 선교사로 일본으로 떠난 사람도 많았고, 한국에 온 남장로교 7인의 선발대에 속한 테이트 남매(Mr. Lewis B. Tate와 Miss Samuel M. Tate: 최의덕과 최마태)도 풀톤의 웨스트민스터 대학에서 공부하였다. 따라서 포사이드는 학교의 선배들인 테이트 남매가 한국으로 떠나는 소식을 알았을 것이고, 그때 선교사가 되기로 결심하였을 것으로 생각된다. 그는 대학을 졸업한 후 클린톤(Clinton) 시의 한 학교에서 1년 간 교사로 근무한 뒤, 선교사직을 충실하게 수행하기 위하여 의학공부를 하였다.

세 식구는 그의 의학공부를 위하여 1895년에 켄터키 주 루이빌(Louisville)로 이사했고, 포사이드는 의과대학에 입학하였다. 어머니는 아들이 의학공부를 하는 동안 뒷바라지를 아끼지 않았다.

(1) 쿠바에 군의관으로 파병

1898년, 포사이드가 의과대학 졸업반에 있을 때 쿠바에서 미국과 스페인 간 전쟁이 발발하였고, 쿠바의 치카마우가(Chikamauga) 지역에 장티푸스가 만연하였다. 미국이 군대를 모집하기 시작하자 포사이드는 육군에 지원하였다. 포사이드는 제3연대 소속 중위로 임관하였고, 그 해 크리스마스 즈음에 쿠바로 파병되어 카르데나(Cardenas)에 주둔했다.

쿠바의 카르데나에서 포사이드는 동료 전우들과 사귀었는데, 그 중 사우스 캐롤라이나 출신의 스토크(Stokes) 대위와 절친하게 되어 쿠바 현지인 집을 전세 내어 함께 살았다. 스토크는 여동생을 그 집으로 불렀고, 포사이드도 어머니와 여동생을 불렀다.

이 기간에 미국 남장로교 소속 홀(J. T. Hall) 목사 부부가 교단의 파송을 받고 쿠바에 도착하여 선교를 시작하였고, 포사이드는 틈이 나는 대로 그들의 선교 사역에 동참하였다. 이 기간 동안의 활동을 자세히 알 수는 없으나, 그의 여동생(Jean Forsythe)의 기록에 의하면 그가 '한센 환자 사역' 에 동참했던 것으로 보인다.

(2) 뉴욕의 수련의 과정과 개업

포사이드는 쿠바에서의 군의관 생활을 마치고 귀국하여 뉴욕에서 수련의 과정을 거쳤다. 당시 그는 여성병원에서 근무하면서 틈나는 대로 뉴욕시의 빈민가에서 봉사활동을 계속하였다. 어느 날은 차비까지 다 줘 버리고 병원까지 걸어서 돌아오기도 했다.

뉴욕에서 수련의 과정을 마친 뒤, 그는 켄터키 주 렉싱턴(Lexington)에 돌아와서 개업을 했다. 그렇지만 그는 의사로서 돈을 버는데 만족하지 못하고, 선교의 열정을 더욱 불태우기 시작하였다.

2. 전주에서의 생활

미국 남장로교 한국 선교회는 왜 남자 의사 선교사를 요구하였는가? 미국 남장로교 한국 선교회 소속 의료 선교사역은 드루(A. D. Drew: 유대모)가 1893년 군산에서, 여의사 잉골드(Mattie Ingold)가 1897년부터 전주에서, 그리고 오웬이 1898년부터 목포에서 많은 성과를 거두어 왔다. 이 가운데 군산과 목포에는 남자 의사가 파송되어 남자들을 진료할 수 있었지만, 전주에는 여의사가 파송되어 여성과 아동을 돌보는데 그쳐, 당시 한국 사회의 주체 세력이었던 남자에게 복음을 전할 수 없었다. 따라서 전주 선교부는 남자 의사 선교사의 파송을 강력하게 요구하였고, 여의사이자 선교사였던 잉골드도 앞장 서서 이를 요구할 정도였다.[35] 게다가 잉골드가 안식년을 맞이하여 테이트 목사와 결혼하기 위해 1904년에 미국으로 귀국하게 됨에 따라 전주 선교부는 남자 의사를, 그것도 결혼한 의사를 보내줄 것을 본부에 강력하게 요구하였다.[36]

한국 선교회의 요구에 따라 미국 남장로교 해외 선교본부는 의사 선교사를 모집하였다. 포사이드는 1904년 7월 한국행을 자원하였고, 1904년 8월 9일 랙싱턴기차역에서 가족과 작별 인사를 나눴다. 어머니와 여동생을 아이오와 주 오스케올라(Osceola, Iowa)에 있는 친척의 집으로 이사시킨 뒤, 그는 자신이 한국에서 자리를 잡으면 쿠바에서처럼 함께 지내자고 약속하며 그들을 안심시키고 한국으로 떠났다. 그는 1904년 8월 10일 승선하여 9월 29일 전주에 도착하였다. 그와 함께 한국에 온 의사 선교사는 목포 선교부의 놀란(Dr. J. W. Nolan)과 군산 선교부의 다니엘(Dr. T. H. Daniel)이었다.

(1) 고아원 설립

미국 남장로교 한국 선교회와 전주 선교부는 전주에 도착한 포사이드에게 우선 3개월 동안 어학공부에 전념하도록 했다. 포사이드는 어느 정도 한국어가 가능하게 되자 오후에 2시간 동안 병원에서 환자를 진료하였고, 틈이 나는 대로 다른 선교부를 돌아다니면서 한국의 선교 형편을 살폈다.[37] 그는 10월부터 12월까지 한국어 공부에 전념하였고, 군산, 목포 그리고 광주 선교부와 그 지역의 병원운영 상황을 살펴보았다.

1905년 들어서자 그는 잉골드 여의사가 맡았던 전주 병원의 사역을 시작하여 오후에 2시간씩 환자를 진료했다. 그렇지만 그는 여가 시간에 가만히 앉아 쉬는 사람이 아니었다. 그는 곧 군산 선교부에서 전주 선교부로 이동해 온 선배 목사 전킨(William M. Junkin: 전위렴)과 가까워졌다. 두 사람은 다같이 따뜻한 인간애를 지닌 사람들이었다. 두 사람의 인간애는 전주 시내에 흩어진 고아들을 모아 돌보는 일에서 나타나기 시작하였다.

포사이드와 전킨이 돌본 고아원은 선교회로부터 허락을 받은 공식적인 기관은 아니었다. 따라서 고아들에 대한 온갖 경비는 두 사람이 사비를 털어서 충당하였다. 고아들은 전주 시내의 빈 가옥에서 잠을 자면서 낮에는 시내에서 구걸하였다. 그러다가 죽기라도 하면 어린 고아들의 시체는 그대로 방치되었다. 포사이드는 미국 남장로교 총회에서 발행하는 *The Missionary*에 아래와 같이 게재하였다.

> 한국 전주의 한 선교사가 보내온 편지만큼 우리 기독교인의 마음을 감동시키고 움직이는 것을 없을 것이다. 그곳 사역의 새로운 모습은 포사이드가 조직하고 선교부의 두 가정이 지원하는 조그마한 고아원이다. 어머니 없는 꼬마들을 굴뚝 통로에서 불러냈다. 3명은 유기 상태로 죽었으며, 7명은 살아남았으며, 이제는 좋아지고 있다. 병원에서 죽은 꼬마는 "고통이 없는 아버지 집으로 나를 데려다 주세요(take me to the trouble-free father's house)" 라고 하였다. 하루 종일 불신자들이 걷는 가장 번화한 도로상에 이 벌거벗은 꼬마들이 무감각적으로 앉아 있

었다. 한 기독교인이 선교회로 이들을 데리고 와서 이들이 돼지나 강아지라면 싸웠을 것이라고 하면서, 이들에게 회복할 기회를 주라고 하였다. 한국에서 가장 싼 것은 한국인이다. 어느 누구도 영혼이나 육체에 대하여 신경 쓰지 않으나, 여러분 그리스도의 친구여, 이들이 벌거벗은 채로 앉아서 무감각적으로 죽어 가는 것을 아무도 돌보지 않다니. 시간이 없습니다. …… 앞으로 나갑시다.[38]

포사이드는 이상과 같은 보고서를 보낸 뒤, 전라북도 김제군 송지동교회 인근 부락으로 왕진을 나갔다가 괴한들로부터 구타를 당하여 건강을 잃게 되었고, 고아원 사업은 그 뒤부터 선킨이 전담하게된다.

(2) 송지동 봉변

1905년 9월에 회집한 선교사 연례대회의 보고에 의하면, 포사이드는 전주에 도착한 이래 1905년 3월 송지동교회에서 괴한들에게 봉변을 당하기까지 대략 1,000여명의 환자를 돌보았다고 한다.

송지동에서 한국인 강도들이 왜 포사이드를 공격했는가에 대해서는 자세히 밝혀지지 않았지만, 선교사들은 포사이드가 검정색 양복을 입고 환자의 집을 찾아가 진찰하고 교회를 다녀오자 자신들을 잡으려고 파견 나온 군인으로 착각하여 그랬을 것이라고 적고있다. 당시 조선 군인들은 검정색 군복을 입고 있었기 때문이다. 이 사건은 곧바로 서울 주재 미국 공사관에 알려졌고, 선교사들은 공격자를 체포하는데 대한 현상금까지 내걸었다. 현상금의 액수는 700냥으로 당시 경찰의 10년치 월급에 해당되는 큰 돈이었다.[39]

이렇게 선교사들이 미국 공사관과 전주 주재 관찰사를 통하여 공격한 강도들을 수색하자 포사이드는 자신을 공격한 강도들을 용서해 줄 것을 요청하였다.[40] 포사이드는 이 사건으로 인해 심한 후유증을 앓았는데, 특히 괴한들로부터 귀를 많이 맞아 한쪽 귀가 들리지 않을 때가 많았다. 선교회는 그를 서울 세브란스 병원에서 요양하도록 강제 조치했다. 그의 빈 자리는 7월 29일부터 목포 선교부 의사 선교사 놀란이 채웠다.[41]

포사이드는 서울에서 요양한 뒤 다시 전주로 내려와서 1905년 8월 11일부터 1906년 4월 사이에 전주에서 열린 〈성령대부흥 집회〉에 참석하여 집회의 성공적 진행을 위해 기도하였다. 1905년은 을사보호조약 등 어수선한 상황에서 한국인들이 기독교 복음을 수용하려는 자세를 보였기 때문에 한국 내에 있던 각 교단의 선교회는 본국에 인원 확충을 요구하였다.

전라도의 성령대부흥의 열기는 평양을 위시한 관서지방의 부흥만큼 대규모적인 것은 아니었지만, 전주와 목포 그리고 광주에서도 그 열기가 각종 집회와 기도회, 회개운동으로 이어졌다. 포사이드는 전주에서 있었던 이러한 변화를 감격스럽게 보았다. 그는 1905년에 전주 선교부의 활동 상황을 「전주의 활동(The Work at Chunju)」이라는 제목으로 *The Missionary*에 보고하였다.

> 이곳의 사역은 꾸준하게 성장한다. 본 선교부에서 지난 몇 개월 동안에 책 6,000권(복음서, 성경의 일부 책, 전도지)을 팔았으며, 여기에 덧붙여 테이트는 한달 동안 1,000권을 팔았다고 말한다. 시장과 길거리에서, 그리고 시골 지역에서 하루에도 수만 장의 전도지를 뿌린다. 이렇

게 뿌린 씨앗은 성령의 도우심으로 열매를 거둘 것이다.[42]

당시에는 성경책 한 권 판매는 교인 한 사람을 확보한 것으로 간주하였기 때문에 성경책을 이 만큼 팔았다는 것은 매우 고무적인 상황이었다. 어떻게 성경을 이처럼 많이 판매하고 전도지를 배포할 수 있었을까? 군산에서 사역 중이던 불(W. F. Bull: 부위렴) 목사는 이렇게 보고했다.

이곳의 사역의 고무적인 부분을 말씀 드리려고 한다. 지금 우리는 한국의 위대한 대사건의 시기에 서 있는 기분이다. 이 나라는 예전과는 다르게 복음을 받아들일 준비가 되어 있다. …… 우리로 하여금 이렇게 결론 내리게 한 몇 가지 사건이 있다. 첫째는 우리가 방문한 마을마다 동료 선교사와 현지인 기독교인들이 씨앗을 뿌렸으므로, 이제는 복음이 사람들 사이에 널리 알려져, …… 이 나라의 희망의 또 다른 징후는 건네주는 쪽 복음을 받고 설교 말씀을 들으려 한다는 사실이다. 일본과 러시아의 전쟁과 일본이 이 나라를 통치하는 것으로 인하여 사람들의 마음이 심란하고 편하지 않으며, 나라 자체도 어렵고 정돈되지 않은 상태에 있다. …… 이렇게 마음의 불확정적인 상태는 사람들로 하여금 지지와 보호를 줄 수 있는 어떤 것을 붙잡게 해 준다. 이것은 물론 복음이 약속한 것은 아니다. 그러나 내가 말하려는 요점은 한국인들이 수용적인 마음의 상태에 있으며 복음을 들으려 하고 또한 요청한다는 사실이다. …… 2-3년 전만 하더라도, 한국인들에게 우리가 건네주는 쪽 복음을 받게 하기가 쉽지 않았다. 대개의 경우, 우리가 말씀을 전하려고 부락에 가면 다들 피하고 숨었다. 이제는 이들이 쪽 복음을 먼저 요구하고 들에서 일을 쉬고 길가로 나와서 주는 쪽 복음을 받는다.[43]

이러한 한국의 정치적 · 선교적 상황에서 성경책 및 기독교 서적을 판매하고 전도지를 배포하는데 열정적이었던 사람 중 하나가 포사이드였다. 포사이드는 전주의 병원을 통해 지난 4개월 동안에 3,800명의 환자가 치료를 받았다고 보고한 뒤, 병원 전도에 관련하여 의료사역이야말로 복음 전도의 가장 힘 있는 매체라고 주장했다.

1906년에 포사이드는 자신이 한국어 시험을 볼 수 있을 정도로 어학실력이 진전하였음을 자랑하기도 하였다.[44] 그러나 1906년 봄 포사이드의 건강은 악화되어 완전히 무너졌고, 미국으로 강제로 가서 휴식을 취해야 하는 상황에 처했다.

3. 미국에서의 포사이드

포사이드는 1906년 4월 미국에서 병을 치료하는 한편 미국 남부 전역을 다니면서 한국에 대한 강연회를 개최하여 후원금을 모금하였고, 선교지망자를 모집하였다.

1907년, 포사이드는 미국 내 여러 곳을 다니면서 선교 보고회, 강연회 등으로 눈코뜰 새 없이 바쁜 와중에도 한국의 의료선교 상황에 대해 1907년 1월호 *The Missionary*에 「한국에서의 의료 사역(Medical Work in Korea)」와 「한국에서의 결과(Results in Korea: Splendid Results -

Fields Opening - Help Needed)」라는 글을 게재하여 한국의 부흥에 관한 상황과 함께 선교사 인력보충을 요청하였다.

1907년 5월경에 포사이드는 버지니아 주를 방문하였는데, 그의 설교와 강연에 감동받은 사람들이 한국 선교를 위하여 헌금하였다.

> 포사이드가 버지니아 주에 있는 한 교회를 방문하였는데, 바로 그 주일 날 저녁 예배시간에 가장 심한 폭풍우가 몰아침으로써 75명만 참석하였다. 그 날 저녁에 그의 강연을 들은 사람 가운데 너무나도 명석하여 학교와 학급의 온갖 영예와 상을 다 휩쓴 한 젊은 여성이 있었다. 그리고 그녀의 아버지는 딸에게 상을 받을 때마다 일정 액수의 보상을 돈으로 주곤 하였다. 이 기금 가운데 아직 25달러가 있었다. 그녀는 포사이드의 강연을 듣고 또 자신은 좋은 교육의 혜택을 누리고 사는데 대한 감사의 마음으로, 그리고 한국에서 교육을 받지 못하고 있는 소녀들에 대한 측은한 마음에서 그녀는 남은 돈을 전액 전주의 여학교 설립에 보태도록 내놓았다.[45]

1908년 가을, 포사이드는 남장로교 남 캐롤라이나(South Carolina) 노회에 참석하여 보고하였으며, 1908년에는 미주리 주 풀톤(Fulton, Missouri) 소재 한 교회에서 해외 선교에 대하여 특강을 했는데, 그 결과는 대단히 고무적이었다.

> 포사이드는 미주리 주의 풀톤을 방문하였으며, 기도의 직접적인 응답

으로서 성령의 부어주시는 은총이 있었으며, 놀랍도록 생명과 돈을 헌신하는 결과가 있었다. …… 미주리 주의 멕시코(Mexico)에서 근래에 열린 평신도 대회의 보고에 의하면 한 주일 오후 모임에서 아무런 강압도 없이 275 달러를 약속하였다. …… 이 모임과 다른 모임에서 지원자가 7명으로 늘어났으며 이것은 기도회에서 자원자 수를 바라는 것보다 2명이나 더 많았다. 풀톤의 지원자 수는 이제 26명이다. 포사이드는 "교회가 온갖 정성을 다하여 천명의 선교사와 백만 달러와, 큰 부흥을 일어나도록 실제적이며, 결정적이며, 유용한 기도를 합시다" 라고 하였다.[46]

한국으로 선교사를 파송하려는 포사이드의 기도와 열정과 노력은 곳곳에서 열매를 맺었다. 그가 미시시피 주에서 강연한 결과 한국으로 선교를 떠나기로 작정한 사람들이 있는데 그들이 바로 크레인 남매였다.[47]

포사이드는 미국에서 치료를 받은 뒤 다시 한국으로 돌아왔다. 그러나 아쉽게도 어머니와 여동생(Jean M. Forsythe)을 데리고 한국으로 오지는 못하였다. 이 꿈은 그로부터 1년 뒤에 이루어진다.

4. 목포 선교부 활동

포사이드를 기다리는 사람들은 전주 선교부 지역에 속한 한국인들이었다. 그것도 특히 남자들이었다. 포사이드가 미국에 있는 동안 전주 예수병원은 테이트 부인(Mrs. Mattie Ingold Tate)이 맡았음에도 불구하고 전주 남자들은 포사이드를 기다렸다. 이 부분에 대해 니스벳(J. S. Nisbet: 유서백) 목사는 이렇게 말했다.

> 포사이드가 없는 동안에 의료 사역은 테이트(Mattie Ingold Tate) 부인의 몫이지만, 이곳의 상황으로 인하여 남자에 대한 치료는 하지 못한다. 우리는 포사이드의 귀환을 애타게 기다린다. 한국인들은 거의 다 "포 의원 언제 옵니까?" 라고 한다.[48]

전주 사람들의 기다림에 부응이라도 하듯 포사이드는 1909년 2월 14일 샌프란시스코 항에서 "몽골리아(Mongolia)" 호에 승신하여 한국으로 출항, 3월 6일에 일본의 고베를 경유해 전주에 도착했다. 그런데 남장로교 한국선교회는 포사이드를 목포 선교부로 파송하였다. 그 이유는 목포에는 의사 선교사가 없지만, 전주에는 여의사이긴 하지만 테이트 부인이 진료할 수 있다는 이유에서였다. 이 사실을 알게 된 한국인들은 포사이드의 목포 전임을 반대하였다고 한다. 그러나 선교회의 결정은 확고하였고 포사이드는 1909년 3월 말 경 목포 선교부에 도착하여, 오웬이 1898년에 개설한 병원에서 환자 진료를 시작하였다.

(1) 오웬 의사의 죽음과 한센 여환자 구제

포사이드는 1909년 3월 말 목포에 도착하여 짐 정리도 채 끝내지 못한 4월 3일, 광주의 의료 선교사 윌슨으로부터 광주로 급히 오라는 전보를 받게 된다. 그는 서둘러 목포에서 광주로 향하였는데, 당시 빠른 시간 내에 광주로 가기 위해서는 목포에서 영산포까지 배로 도착한 뒤 광주까지 말을 타고 이동하는 방법과 목포에서부터 말을 타고 이동하는 방법이 있었다. 이 두 가지 방법 가운데 어느 것을 택했는지에 대해서는 정확하게 알 수 없지만, 어쨌든 포사이드는 말을 타고 가던 중 광주에서 13마일 떨어진 곳에서 여성 나환자를 만났다. 그는 그녀를 말에 태우고 자신은 마부가 되어 광주 기독병원으로 데리고 갔다. 그가 광주에 도착하였을 때는 오웬은 이미 운명한 뒤였다. 이 사건이 계기가 되어 광주에 한센 환우들이 몰려들기 시작하였으며, 광주군 효천면 봉선리에 한센 환우 집단 치료소가 설립되게 되었다.

(2) 목포 선교병원에서의 활동

1909년 3월부터 목포에서 포사이드가 사역하는 기간에 백만인 구령운동이 전국적으로 확산되었고, 목포 양동교회는 교회건물을 신축하였다. 이 밖에도 포사이드는 목포 선교병원의 건물을 신축하고, 한국인 조수들을 양성하여 협력자로 병원에서 돕게 하였다. 그리고 목포 인근의 섬으로 다니면서 전도 및 의료 활동을 전개하고, 멀리 제주도까지 의료 활동에 동참하였다.

① 목포에서의 전도활동

1907년 1월 평양 장대현교회에서 성령대부흥 운동이 폭발적으로 일어난 이래로 평양에서는 새벽기도회가 시작되었다. 포사이드는 1909년 4월부터 목포 선교병원에서 일하였는데, 7월에 군산에서 열린 선교사 연례대회에도 참석하지 못할 정도로 바빴다.

포사이드는 한국교회가 새벽기도회를 시작하여 전국적인 운동으로 확산되어 가는 과정에 큰 흥미를 느끼면서 평양과 목포의 새벽기도 참석자 수를 비교하였고, 목포에서도 빠른 시일 내에 새벽기도회가 활성화되기를 바라는 마음을 표현하였다.[49] 따라서 포사이드는 목포 선교병원에서 환자들을 돌보는 일과 자신의 또 다른 사역인 전도지 배포 운동에도 적극적으로 앞장섰다. 그는 활동을 이렇게 보고하였다.

> 목포 교회는 지난 주일에 성황을 이루었다. 예배 후 수천 장의 전도지를 뿌리고, 거리와 마을에서 설교하였다. 어떤 사람들은 감옥에 가서 전도하였다. 그날 밤 예배도 성황이었다. …… 목포 병원에는 40, 50, 60, 70명의 환자가 매일같이 북적댄다. 새로운 병원을 지어야 하는데, 누가 10,000 달러를 당장 주었으면 한다.[50]

포사이드의 전도지 배포 운동에 대해서는 동료 선교사들도 수차례 언급한 바 있다. 포사이드는 전주 선교병원에서 사역하던 버드만(Ferdinand H. Birdman) 의사가 1909년 9월에 사임함에 따라 공백을 메우기 위하여 그곳에서 잠시 일하기도 했는데, 이 시기에도 여전히 전도지를 배포하였다고 한다.

② 백만인 구령운동

1910년에 들어서면서 미국 남감리교회에서 주창한 <백만인 구령운동>이 전국적인 운동으로 확산되면서 포사이드 의사의 전도활동은 한층 더 바

빠졌다. 백만인 구령운동이 진행되는 동안 목포에서 부흥회를 인도하였던 데이비스(George T. B. Davis) 목사는 포사이드의 활동에 대해 다음과 같이 말했다.

> 지난 수개월 동안 한국의 여섯 곳의 선교 거점을 둘러보았다. 한국은 "백만인 구령운동이 불과 같이 일어나고 있다. …… 목포 선교부에서는 해리슨(Mr. Harrison)이 병에도 불구하고 통역했으며, 323명이 5,000권의 마가복음을 샀다. 포사이드는 한국인들에게 값없이 주면서 배포하라고 한다. 나는 포사이드 만큼 개인적으로 열정있는 사역자는 보지 못하였다.[51]

한편 포사이드의 활동은 목포에 국한되지 않았다. 그는 진도에서도 복음을 전하였는데, 마틴(Miss Julia Martin: 마정원)은 맥컬리 부인과 함께 진도를 위시한 도서지방 순회 선교에 나섰다가 포사이드가 진도에 이미 전도지를 배포했을 알고 "진도는 포사이드의 끊임없는 노력으로 마가복음이 크게 배포되어 있었다"[52] 고 말했다. 한편 포사이드는 백만인 구령운동이 목포에서도 진행된 데 대하여 자랑스럽게 보고했다.

> 한국 노회가 감리교와 연합하여 지난 가을에 서울에서 이 운동을 시작하였으며, 한국인 조사들과 다른 선교부의 선교사들도 참석하여 대성공을 거두었다. 이들은 각 지역으로 흩어져 운동을 지속하기로 하였다. …… 이곳 목포에서도 110명이 바쁜 가을의 일손을 멈추고 일주일 동

안 전도활동을 전개했다. 아침에 기도회와 협의회를 갖고, 각각 맡은 구역에서 축호전도하고, 복음을 말하면서 신앙생활을 촉구했다. 저녁에는 예배를 드렸으며 많은 사람이 신앙하기로 결신했다.[53]

백만인 구령운동을 진행하는 포사이드의 방법은 여러 가지였는데, 그 당시에 일상적으로 행해지던 축호전도, 전도지 배포, 노방전도 이외에 자신만의 독특한 방법이 몇 가지 더 있었다. 첫째는 하루 종일 모든 시간을, 심지어는 밤 늦게까지 집, 거리, 주막, 어선, 여객선, 모든 곳에서 사람들에게 예수를 영접하게 하는 방법이다. 두 번째는 노상을 지나가는 사람들을 세우고 몇 분에게라도 복음을 말하고, 복음서를 전하고, 모두 함께 무릎을 꿇고 기도하였다. 세 번째는 교회 밖에 나가서 도로를 지나는 사람들을 붙들고 들어와 교회를 가득 채우는 방법이었다.[54]

목포의 백만인 구령운동에 참석하여 부흥회를 인도한 사람은 제주도의 이기풍 선교사였다. 이기풍은 1910년 9월 조선독노회에 참석하러 가는 길에 목포 양동교회에서 신앙사경회를 인도했다. 1911년 초에는 프레스톤 목사와 포사이드 의사가 병원에서 양성하는 조수들과 함께 제주도를 찾아가 진료한 뒤 목포에 돌아오기도 하였다.[55] 이 기간 동안 포사이드는 제주도에서 지나칠 정도로 열심히 전도와 기도, 진료 사역을 하여 주위 사람들로부터 걱정을 살 정도였다.

포사이드는 목포에서 진행되는 백만인 구령운동으로 인해 한국교회에 새로운 변화가 오기를 간절히 바랐다. 1910년 영국의 에딘버러에서 개최된 국제선교대회의 전망대로 한국 땅에서 10년 이내에 영적인 변화가 일어나고 백만인 구령운동이 지속되기를 바랬던 것이다.

③ 여동생의 합류와 목포 병원 운영

1910년 8월, 사랑하는 여동생이 아동과 여성담당 선교사로 목포 선교부에 합류하였다. 마침내 포사이드는 쿠바에 출전할 때 그랬던 것처럼 선교사로서 한국에서 일하는 동안 가족과 함께 지낼 수 있었다. 이 때부터 포사이드는 여동생을 대동하고 선교사 연례대회에 참석차 서울에 다녀오는 길에 평양까지 둘러보고서 그곳의 백만인 구령운동의 열기를 한껏 느낌으로써 선교의 열정을 불태우기도 하였다. 그는 어머니와 여동생을 위한 집을 건축하였고 병원도 신축하였다.

원래 목포 선교병원은 1898년 11월에 도착한 오웬이 건축하여 사용하던 초가집이었다. 포사이드는 진료실을 하나 더 추가하여 두 개의 진료실에서 환자를 치료하였다. 두 번째 진료실은 벽돌로 지은 단층 건물로서 환자를 돌보고, 기초 검사를 병행할 수 있었다. 또한 포사이드는 한국인 젊은이들을 선발하여 기초 의료기술을 가르쳐 주어 조수로 협력케 하였다.[56]

④ 목포 양동교회의 신축과 어린이 전도

목포 양동교회는 1910년에 4월부터 60X64자 크기의 석조에 기와지붕이 있는 새로운 교회당 건축에 착수하였고,[57] 1911년 2월에는 윤식명 목사를 새로 청빙하여, 1911년 2월 마지막 주일에 윤식명 담임목사와 장로 1명, 집사 2명을 세워 자립교회를 만들었다. 이러한 일에 적극적으로 협력하였던 포사이드 남매는 특히 어린이들의 구원에 관심을 가졌다.

예를 들어 목포 양동교회는 1911년 봄에 새로운 건물의 벽면을 완공했다. 포사이드는 *The Missionary* 1911년 5월호에 "지역교회의 벽도 완공하였다"고 보고하였다. 하지만 그는 이 건물이 채 완공되기도 전에 한국의 토착 풍토병인 "스프르(Sprue)"에 감염되어 더 이상 일할 수 없게 되었고, 결국 1911년 4월에 미국으로 돌아가야 했다. 여동생의 살림살이와 가구가 한국에 도착하였지만 안타깝게도 풀어보지도 못하고 그대로 놔둔 채 떠나야 했다. 목포 선교부의 마틴이 그와 동행하였다. 이렇게 포사이드가 귀국함에 따라 한국인으로서 미국에서 의과대학을 졸업하고 군산 선교병원에서 일하던 오긍선 의사가 목포 선교병원 운영을 맡았다.[58]

포사이드는 미국에 돌아가 휴식하는 동안에도 목포 양동교회의 신축상황을 미국 내 여러 기관에서 보고하였고, *The Missionary*에 기고도 하여 많은 협력을 얻었다.

5. 귀국 후의 활동과 죽음

1911년 4월 포사이드는 여동생, 그리고 마틴의 보호를 받으면서 부산과 고베를 거쳐 샌프란시스코 항에 도착하였다. 원래 마틴 양은 부산까지만 동행하려다가 고베까지 동행하기로 마음을 바꾸었는데, 고베에서 또 다시 샌프란시스코까지 동행하기로 마음을 바꾸었다. 그들은 샌프란시스코 항구에서 전직 군산 선교부에서 의사로 활동하였던 항구의 징세관 드루 의사를 만났다.

샌프란시스코를 출발하여 고향으로 가는 길에 포사이드의 병세는 악화되었다. 그는 유타 주의 오그덴(Ogden, Utah)에 있는 병원에서 2주간 휴식을 취한 뒤, 1911년 5월 24일 켄터기 주 루이빌에 도착하였다. 기차 역에 그의 어머니가 마중을 나왔지만 자기 아들을 알아보지 못할 정도로 그의 병세는 위급하였다.

여동생은 그의 귀국 후 7년 동안의 생활을 한 마디로 "중보기도의 사람 -인내의 고통자" 라고 표현하였다. 포사이드의 중보기도는 전 세계의 고통받는 사람들을 위한 기도였고, 건강이 허락하는 대로 미국 남부지방을 순회하면서 한국에서 일할 선교사를 모집하는 일에 매진했다. 왜 포사이드는 한국 선교를 중요시하였을까? 그 대답은 한국이 장차 아시아 선교의 중심이자 핵심이라는데 있었다. 한국은 중국과 일본 사이에 놓여 있는 지정학적 위치 때문에 중요하며 이에 따라 한국에 더 많은 선교사를 파송해야만 한다는 것이다.[59]

그리고 포사이드는 1917년 4월 10일자로 *The Korea Mission Field* 편집자 앞으로 편지를 보내 "이 지구상의 모든 남자, 여자 그리고 어린이에게 복음을 알리기 위하여 기도를 배가시키자. 우리는 한국의 완전한 복음화를 바란다"고 하였다. 그리고 이렇게 하기 위해서 "복음의 메시지를 들고 한국의 모든 사람에게 나아가도록 하자. 연합 기도, 축호방문 전도, 그리고 집집마다 거리마다 복음을 외치자"고 역설하였다.[60]

건강이 허락할 때마다 한국과 세계 선교를 위해서 기도하던 "중보기도의 사람" 포사이드는 1918년 5월 9일 어머니와 여동생 곁을 떠나 하나님 곁으로 갔다. 그리고 그의 유해는 오래 전에 세상을 떠난 아버지 옆에 묻혔다.[61] 그가 세상을 떠나자 한국에 있던 남장로교 선교회는 1918년 6월 순천에서 회집한 선교사 연례대회에서 포사이드를 추모하는 결의문을 채택하였고, 전북노회 역시 "전주 서문밖교회에서 개최하는 고 포 의사 추도회에 본 노회가 대표 1인을 선송(選送, 뽑아서 보냄)하고 그 유족에게 위문장 수송(修送, 작성하여 보냄)할 것을" 결의하였다. 『기독신보』는 1918년 10월 2일자에 「고 포 의사의 추도식」이라는 제목으로 다음과 같이 보도하였다.

> 고 포사이드 박사는 그리스도의 사명을 받고 전라미션 선교회로 나와서 전주, 목포 두 곳에서 다년간 시술구인(施術救人, 의술을 베풀어 어려운 사람을 도와줌)하는 중에 너무 노력한 결과로 신병에 걸려서 귀국 치료 중이더니 씨가 항상 불쌍히 여기던 세상에 대하여 눈을 감아버리고 사모하던 저 낙원으로 돌아갔다는 일반이 비참히 여기는 흉보를 인하여 9월 15일 주일 오후 0시 30분에 전주 서문밖교당에서 추도식을 거행하였다더라.[62]

제2장 윌슨(Robert M. Wilson: 우월순)

윌슨 의사는 1907년 프레스톤(John F. Preston: 변요한) 선교사가 목포 선교부를 다시 개설하기 위하여 미국에서 모집하였던 7명의 선교사들 가운데 한 사람이다.[63] 윌슨 의사는 1908년에 광주에 도착하여 광주 선교병원(현 광주기독병원)을 다시 열었고, 1909년에는 포사이드가 데리고 온 여성 한센 환자를 치료하기 시작하여 오늘날의 여수 애양원을 탄생시켰다. 그후 1925년에서 1927년까지 광주의 한센병 환자들을 여수시 율촌면 신풍리 현 애양원으로 이전하여 치료에 임하다가 1938년에 일제의 외국인 철수 계획에 따라 1941년에 귀국하였다. 그리고 1946년 1월 미군정청의 요구에 따라 다시 한국으로 돌아와 전국에 흩어진 한센병 환자들의 보금자리를 다시 찾아주었다.

1. 윌슨 의사의 광주 선교시작

윌슨은 1880년 미국 아칸사스 주 콜럼버스(Columbus, Arkansas) 에서 태어나서 교구 대학(Synodical College)을 졸업하고, 1905년에 미주리 주 세인트 루이스 시에 있는 위싱턴 대학교 의과대학(Washington University School of Medicine)을 졸업하였다. 그는 세인트 루이스 시립병원 여성병원에서 인턴과정을 마친 후 뉴욕에서 이비인후과 의사 수업을 받았다. 이 기간에 뉴욕 성경학교(New York Biblical Seminary)에서도 공부하였다.

윌슨 의사는 1907년에 미국 남장로교 선교본부로부터 한국 파송 선교사로 인준을 받았다. 해외 선교 실행위원회는 9월 3일 윌슨 의사와 그라함 양을 한국 선교사로 지명했고, 윌슨은 1908년에 2월에 한국에 도착하였다.

윌슨이 광주 선교병원에 파송 받게 된 동기는 그 동안 광주 선교병원을 맡았던 놀란(Joseph W. Nolan) 의사가 1907년 4월에 선교사 직을 사임하고 평안도 운산 금광 부속병원의 원장으로 떠났기 때문이었다. 윌슨은 광주 선교병원에 도착하자마자 바로 본국에 본국 젊은이들은 이곳 현지에 오기 전에는 이곳의 필요와 기회를 전혀 알 수 없을 것이라는 내용의 편지를 보냈다.[64]

윌슨은 광주에서 병원장 직을 수행하면서 동시에 시내에 흩어져 구걸하는 어린아이들을 모아서 "광주 고아원"을 자비량으로 운영하였고, 유년주일학교 책임을 맡아 사역하였다.[65] 윌슨은 1908년부터 환자들을 치료하기 시작하여, 1909년 후반기 3개월 동안에 1,500건을 치료했다. 그 해 9월 동료 여성 독신선교사 녹스(Bessie Knox)와 결혼하였다. 1910년에는 한 해 동안에 20,000건을 치료하였다. 그런데 이렇게 다양하고 많은 환자들을 진료할 수 있었던 것은 윌슨 의사 옆에 항상 "신실한 조수들"이 있기 때문이었다.

2. 광주기독병원 건축

윌슨이 한국인들로부터 신의(神醫)에 가까운 명성을 얻은 것은 백내장을 앓던 사람들의 눈을 뜨게 해 주었기 때문이었다.[66] 특히 광주에서 30년 동안 백내장으로 시력을 잃었던 할머니의 눈을 뜨게 했다는 소문이 시내 전체에 퍼지자, 선교병원을 찾아오는 사람들이 갈수록 늘어났다. 밀려오는 환자들을 입원시키기 위해 입원실이 딸린 새 건물이 필요하게 되었고 윌슨은 미국의 여러 협력처에 지원을 요청했고, 결국 그레이함(C. E. Graham)의 헌금을 받아 건물을 지을 수 있었다.[67]

병원 건물을 지을 수 있다는 가능성이 보이자 윌슨은 한국 내 여러 선교병원의 건물을 조사하고 분석한 다음, 나름대로 계획을 세우고 설계사에게 자신의 생각을 전하였다. 광주 기독병원 건물의 설계자는 톰슨(Arthur Thompson)이었다.

> 3년 동안 이곳의 조건을 검토하고 한국 내에 있는 대다수의 병원과 의사들을 만나본 다음, 톰슨(Mr. Arthur Thompson)이 설계를 담당하였다. 그는 내가 아는 한 한국 내에서 선교사들의 건물을 설계하는데 최고의 권위자이다. 아담하고, 치밀하고, 버린 공간이 없으며, 위에서 아래까지 벽면으로 처리했으며, 단단하고, 화재예방에 주의를 기울였다. 집은 2층으로 되어 있으며, 넓은 면적의 지하실과 창고가 딸린 다락방이 있다. …… 지하에, 난방실, 석탄방, 남자 접대실, 여자 접대실, 식당 그리고 3개의 한국식 온돌방, 세탁실, 그리고 복도가 끝나는 곳에 바깥 대기실이 있다. 접대실은 환자들의 옷을 넣어두는 24개의 사물함(locker)과 샤워 목욕탕과, 배기실이 있다. 두 개 층에는 각각 자기로 된 욕조가 있어서 환자들이 사용할 수 있게 하였다.

한국인들이 가난하고 또한 선교부의 자금 조달도 어려웠기 때문에 연료를 최대한 절약하도록 하고 가능한 한 태양빛을 사용하게 하였다. 그리하여 병실을 남쪽으로 향하게 하고, 세탁실의 열은 여자 병실의 온돌에, 부엌의 열은 남자 병실 온돌에 사용하였다. 그리고 난방용 화로의 연통도 철 연통을 사용하여 굴뚝으로 나가기 전에 방 두 개를 통과하게 함으로써 열을 아꼈다. 물 탱크는 지하에 두고, 공기 압축기(compressed air power)를 사용하였다.

1층 전면 현관의 오른쪽에는 성경실과 접수실이 있으며, 왼쪽에는 의사 진료실이 두 곳이 있으다. 의사 진료실은 개인실과 일반실로 나눠졌는데, 개인실과 병리 검사실이 접해 있었고, 그밖에 병실과 남녀 화장실, 욕실과 수술실 그리고 소독실이 있었다. 수술실에 햇빛이 들어오지 않은 것이 아쉽기는 하지만 그 대신 1층에 자리잡을 수 있었다. 북쪽에 3개의 창을 두어 필요로 하는 빛은 얻을 수 있었다. 벽은 씻을 수 있는 에나멜로 처리하였다. 아직 수술실 바닥을 어떻게 처리할 지 결정하지 못했다. …… 2층(꼭대기 층)은 14X16 크기의 병실 두 개가 남쪽에 있고, 개인 병실과 간호실이 두 개, 창고, 욕실 2개, 화장실 2개, 공급실과 병리검사실이 있다.

지하 온돌방은 수술 후 회복실로도 사용하였는데, 거기서 환자들은 발끝에서 머리까지 따뜻하게 지낼 수 있다. …… 병원 건물과 장비 구입에 필요한 7,000 달러를 그레이함 부부(Mr. and Mrs. C. E. Graham)가 주었다. 이들은 이외에 별도로 난방 및 물 공급시설을 만드는데 1,000 달러를 주었다. 물은 300피트 떨어진 샘에서 끌어온다. 회색 벽돌은 바로 이곳에서 만들었다. …… 건물을 짓는 과정에서 나는 두 군데로부터 도움을 얻었다. 첫째는 중국의 질병에 관한 책이며, 둘째는 'International Hospital Records' 이다.
마지막으로, 더 이상의 도움을 요청하지는 않겠지만 1년에 400 달러로 운영한다고 생각해 보기 바란다. 베를린에서는 병원 운영에 4,500,000 달러 라고 하는데, 사실 이 금액도 충분한 것은 아니라는 것을 여러분도 잘 알고 있을 것이다. …… 한국인 부인들은 이곳에서 온종일 호미로 풀을 매고 5센트를 받는데, 그것은 우리 병원의 일반 진료비와 같은 액수이다. 그래서 진료비 문제로 의사가 가난한 환자들과 옥신각신하거나 진료비 때문에 통증을 참으며 지내는 사람이 굉장히 많다. 우리는 수천 명의 가난한 환자를 치료해 왔는데, 이들 대부분은 너무 끔찍하여 묘사할 수가 없을 정도의 상황에 놓여 있다.[68]

건물이 완공되자 윌슨은 그레이함이 한 해 전에 죽은 자신의 딸을 기념하여 거액을 희사하였기 때문에 병원 이름을 엘렌 레바인 병원(Ellen Levine Hospital)라고 부를 것이라고 언급하고 있다.[69]

3. 광주 한센 집단치료소 건축

한국인들은 한센병을 어떻게 치료하였는가? 윌슨의 기록에 의하면, 한센병 상처의 흔적이 나타나면 불에 단 인두로 그 부분을 지졌으며, 더 나아가서 무당에게 문의한 다음에 쟁기 끝 철로 된 삽날을 쌀알 정도로 갈게 부수

어서 복용하였다고 할 정도로 형편없는 상황이었다.[70]

1909년 오웬 의사가 사망할 즈음에 포사이드 의사가 데리고 온 여성 한센병 환자가 광주 선교병원에서 따뜻한 대접을 받은 이후로 광주 인근의 환자들 가운데 6명이 입원 치료를 받기 시작했다. 1911년까지 선교사들이 후원하여 지은 기와집에 7명의 환자들이 살면서 치료를 받았다. 그런데 이들은 함께 치료를 받는 동안 모두 예수를 구세주로 영접한 기독교인이 되었다.

> 영국 나환자 선교회에서 나환자를 위한 집을 장차 지어줄 희망이 있다는 가냘픈 약속을 받았다. 선교회에서 모금하여 방 두 개를 지어 7명의 나환자가 살고 있다. 이들은 대부분 기독교인이 되었으며 지날 때마다 찬송하는 것을 들을 수 있다. 나는 지나는 길에 방 밖에서 이들이 꽤 긴 기도를 하는 것으로 착각하고 서 있었는데, 아침 식사 시간에 감사 기도하는 중이었다.[71]

윌슨 의사는 1912년에 한센병 집단 치료소를 지을 수 있을 것으로 예상하였는데, 이를 실현시킨 것은 윌슨의 조수인 최흥종 장로와 영국의 <인도와 동양 한센병 선교회>였다. 최흥종 장로가 봉선동에 있는 자신의 땅 1,000평을 기증하자 윌슨은 기증 받은 땅 주변의 땅들을 매입하여 이에 추가시킴으로써 건물 부지를 확보하였다. 이렇게 하여 1912년 봄부터 영국 선교협회에서 오는 지원금으로 45명의 한센병 환자들이 단체 생활하면서 치료받을 수 있는 건물이 짓기 시작했고, 마침내 11월 15일에 22명의 환자들이 입원하였다. 이날의 감격을 윌슨 의사는 이렇게 표현하였다.

11월 15일은 광주에 있는 불쌍한 나환자들에게 매우 행복한 날이었다. 이날은 나환자들에게 새로운 집을 헌당하는 날로서 21명이 입원하였다. 지난 여름까지 별과 구름 아래서지냈으나, 날이 추워지자 생활이 힘들어지기 시작하였다. 심지어 구걸할 때도 "이거나 먹고 저리 가라"는 소리를 듣기 일쑤였다.

14일은 처음으로 추위가 닥친 날로서 15명의 나환자가 진료소를 찾았다. 그들은 반쯤 가린 몸으로 "입원할 수 있느냐"라고 했다. …… 개개인의 기록을 남긴 뒤 새 집으로 들여보내어 따뜻한 물로 목욕을 시켰고, 그 뒤 깨끗한 옷을 입혀주었다. 그리고 그들에게 따뜻한 음식을 제공하였고, 따뜻한 한국식 방 - 그곳은 마치 뜨거운 물병 같은 곳으로 그들에게는 세계에서 가장 좋은 곳이었다 - 과 두툼한 담요, 여타 필수품을 제공받았다. …… 오후 3시에 선교사들과 현지인 기독교인들이 모여서 찬송을 부르고 진실한 감사의 기도를 드렸다. 성경을 읽고, 세 차례의 짧은 축사가 있고, 나환자들이 "주께로 옵니다"를 찬송하였다.

건물은 "E"자 형태로서, 한쪽에는 남자 반, 다른 한쪽은 여자 반, 그리고 중앙에는 진료실과 교회가 있었다. 이 건물 외에도 죽어 가는 사람들을 위한 방과 감독관들의 방이 있다.

우리는 지역 교회의 장로인 최흥종(Mr. Choi)을 감독자로 갖게 되어 매우 기쁘게 생각한다. 그는 지난 4년 간 병원에서 나의 조수로 일하였으므로, 이 일에 적합한 자이다. 그는 특히 나환자에 대해 상당 기간 관심을 가졌고, 다른 곳에 가서 나병을 연구하려고까지 마음을 먹었지만 실행에 옮기지는 못했다. 그는 다양한 약을 실험하고 검증할 수 있는 기회를 가졌다. 그는 또 다른 병들을 치료하고 자신을 어떻게 보호해야 할 것인가를 알고 있다.

14명을 받아들이는 날 혈액 질병(blood disease)에 걸린 사람이 왔는데, 나환자들은 즉각 '이 병은 우리의 병이 아니므로 다른 곳에 수용해야 한다' 고 하였다. 최 선생은 집에 있는 26명 전원에게 피하주사를 놓았다고 한다. 우리는 이들에게 새로운 약을 실험중이다. 우리가 주로 사용하는 약은 큰 효과가 있고, 많은 사람들이 전적으로 좋아졌다고 한다.[72]

1912년 11월 14일, 광주 한센 병원이 문을 열자 곧바로 환자들이 찾아오기 시작하여, 1913년부터 1914년 초에는 그 수가 100여 명에 달했다. 그리고 영국의 한센병 선교협회의 총무 베일리(Bailey) 부부가 광주 한센병원 개원 1주년을 기념하여 1913년 말 즈음 광주를 방문했다.

이 자리에서 광주 한센 병원을 45명 규모에서 100명 규모로 확장시키기로 합의하였으며, 동시에 현 위치에 인접한 가옥과 토지를 더 구입하고 또한 여성 환자들을 위한 집 건축을 협력하기로 하였다. 그렇다면 베일리 부부는 어떤 선물을 받았을까? 그것은 광주 한센병원의 환자 33명이 학습 세례를 받는 모습을 지켜보는 것이었다. 또 그들은 한 환자가 "본인이 한센병 환자였기 때문에 행복하다"라는 간증을 들을 수 있었다.

지난 주 베일리 부부의 방문은 한센 환자뿐만 아니라 우리 선교부에게도 큰 축복이었다. 이들이 머무는 동안에 현재의 40명 시설을 100명 수용 규모로 확장하기로 합의했으며, 여성들을 위한 별도의 건물을 짓기로 하였다. 토요일 저녁에 우리는 여성용 숙소를 위해 특별한 기도를 올렸는데, 월요일 저녁에 한국인 집 두 채와 인접 산을 사기로 계약을 마쳤으며, …… 1년 전에 우리는 개원식과 헌당식을 가졌던 것을 기념하여 베일리 부부를 맞아들였다. 베일리 씨는 연설하였으며, 나환자들이 응답하였다. 벨 목사는 1명에게 세례를 주었고, 33명을 교리문답자로 받아들였다. 이 33명은 시험을 훌륭하게 치루었다. …… 우리는 환자들에게 지난 봄에 송아지를 주었는데 이제는 큰 황소가 되어 있다. …… 학습문답 과정에서 한 사람에게 '행복하냐' 라고 물었다. "나는 내가 나환자가 된 것을 축복으로 여깁니다. 왜냐하면 병으로 인하여 그리스도의 영향력 아래 있게 되었으며 그리스도가 나를 위하여 죽으셨음을 배웠기 때문이다" 라고 대답하였다. 베일리 씨는 한 가련한 맹인 나환자를 위로하려고 하였으나 그 나환자는 "나의 마음으로 혹은 몸으로 겪는 고통에 대하여 당신의 동정을 필요로 하지 않습니다. 왜냐하면 19년 전에 나는 최초로 그리스도를 알았고 그의 사랑을 알았기 때문입니다" 라고 대답하였다.[73]

이상을 통하여 몇 가지 사실을 알 수 있다. 첫째는 1912년 11월 15일 처음 개원할 당시 22명의 환자가 1년 사이에 100명 규모로 확장되었다는 점이다. 둘째는 개원 당시 부속 교회의 당회장은 탈마지(J. V. N. Talmage: 타마자) 목사였으나 벨(Eugene Bell: 배유지) 목사가 안식년을 마치고 귀국하여 그 직책을 맡게 되었다는 점이다. 셋째는 한센 환자들에게 송아지를 사주어 어미소가 되도록 기르게 함으로써 스스로 영농의 꿈을 가꾸게 하였다는 점이다. 넷째는 집단 치료소에 입원한 환자는 거의 다 기독교인으로 개종하였다는 점이다.

이렇게 광주 한센병 집단 치료소가 좋은 시설과 치료의 효과가 높다는 소문이 퍼지자 이곳 저곳에서 입원하기 위하여 많은 환자들이 쇄도하였다.

4. 광주 한센 병원 부속교회의 성장

광주 한센 병원 부속교회는 언제부터라고 정확하게 말할 수 없지만 <봉선리교회>라는 이름으로 불리기 시작했으며, 1916년 전체 입원환자 120명 전원이 교인이었다. 이 가운데에서 여자반은 최초로 한글을 깨우침으로써 성경을 읽고 요리문답을 할 수 있게 된 것에 크게 기뻐하였으며, 이러한 상황을 『기독신보』는 자세하게 전하고 있다.

> 5월 28일 주일에 광주에 있는 나병원에서 가장 아름다운 상황이 있었는데 이 일은 조선 천지에는 처음 일이요. …… 예배 보기 전에 상품을 먼저 우월순 의사가 집행하여 수여하였는데 나병인 120명을 회집하였고 상품 받은 자들은 이러하더라.
> 요리문답 강(講)한 사람 33인에게 대하여 구약 반피의 각 한 권씩
> 아이문답 강(講)한 자 10인에게 대하여 신약 관주 양장피의 각 한 권씩
> 언문 배워 성경 보는 자 3인에게 대하여 찬송가 16전짜리 한 권씩
> 이 일을 마친 후에 도대선(都大善, S. K. Dodson) 목사가 사도행전 17장과 살전 1장을 보고 십자가 마땅히 세상에서 모범적인 인격을 이루

어야 하겠다는 문제로 강설한 후에 타마자(J. V. N. Talmage)가 세례를 베풀었는데 남자 12인, 여자 합 20인이더라. 이기풍 목사가 성찬례를 행하였다더라.[74]

이날 행사는 광주 한센병원 부속교회가 〈봉선리교회〉로 태어나는 순간이었다. 교회 규모는 교인 120여 명에 세례교인 남자 12명, 여자 8명 합계 20명에 이르렀다. 당시 당회장은 타마자 목사였다. 그리고 1916년에는 봉선리교회에 자녀들을 위한 <소학교>를 설립했다.[75]

이렇게 봉선리교회는 자체적으로 부흥하면서 어린아이들을 위한 소학교까지 운영할 정도로 성장했는데, 1916년부터 1919년 사이에 더욱 크게 성장하였다. 1919년에는 첫 장로를 임직시킴으로써 당회를 구성했다. 이 소식을 1919년 7월 30일자『기독신보』는 다음과 같이 전한다.

모범 할만한 교회

전남 광주군 효천면 봉선리교회 문동병인에게 하나님의 영광이 나타나심을 앙고하나이다. 이 교회는 창립된 지 불과 10년인데 금년 정월에 미국 자선가들이 연보하여 예배당 17간을 기와집으로 건축하여 남녀 합 260명이 예배를 보며 세례인이 40명이요, 학습인 40여명이며 금년 창립 장로가 1인이요, 안수집사가 2인이며, 제주에 전도인을 파송하고 봉급을 담당하여 재미있게 일하는 중이며, 전도회를 조직하여 나병원에 입원자의 부모를 위하여 전도하며, 정오 12시면 불신자를 위하여 기도회가 있으며, 성경요리문답 암송하는 사람이 100인이며, 성경문답 암송하는 사람이 70여 명이며, 고린도전후서 암송하는 사람이 3인이며, 주일학교 반열이 22반열이며, 매 저녁 성경공부는 빠지는 날이 없으며, 작년 탄일 때는 제주를 위하여 엄동설한 중에라도 점심을 먹지않고 이 돈을 모아 연보하였나이다.[76]

이 보도를 통하여 광주 봉선리교회의 정황을 알 수 있다. 첫째, 기와지붕에 17칸 예배당을 건축하였다. 둘째, 교인이 260명이다. 셋째, 당회가 조직되고 장로가 한 명, 안수집사가 두 명이다. 장로로 임직을 받은 사람은 이종수 씨이다. 넷째, 제주도에 선교사를 파송하여 일체의 비용을 담당한다. 다섯째, 전도회를 조직하여 입원지의 부모에게 전도하고, 불신자를 위하여 매일같이 정오에 기도한다. 여섯째, 성경암송을 시작하고 있었다. 일곱째, 주일학교가 22개 반으로 운영된다. 여덟째는 매일 저녁 성경공부가 있다.

그리고 봉선리교회는 1920년 6월 22일에 "운동회를 개최하여" 푸짐한 상품을 나누어 주었는데, 이 상품들은 미국 적십자회에서 보내준 것이었다.[77] 1920년 10월 22일에는 일본 동경에서 개최되었던 세계주일학교 협의회에 참석하였던 미국 대표 5명이 방문하였다. 이들은 남궁혁 장로와 타마자 목사의 통역으로 각종 동화를 들려주고 예배를 드린 다음, 즉석에서 기부금을 전달했다.

봉선리교회는 입원환자의 숫자가 증가한 만큼 교인수와 교회 재정도 증가하였고, 그만큼 더 많은 선교와 영적인 집회를 가질 수 있었으며, 교회의 조직도 그만큼 탄탄하게 확장되었다. 김태옥 장로는 유년 교육에 진력하여 종래의 교육제도를 개량하고 교사도 신실한 교회 직분으로 책정하였고,[78]

이 열기는 1925년 9월에 자체적인 도서실을 마련하기에 이른다.[79] 특히 여자 면려회는 야학을 실시하여 한글을 깨우치지 못한 여성 입원환자들과 교우들을 교육하기로 결정하고서 50여 명에게 교육을 실시하였다.[80] 1927년에 들어서 봉선리교회는 1월 2일에 면려회 정기총회를 개최하여 회장에 김병환, 안제문, 서기에 이삼채, 황순봉, 회계에 구두남, 장기수 등을 선출했다.[81] 또한 1927년 6월 26일에는 임직식을 거행하였다.[82]

5. 봉선리교회의 선교활동

봉선리교회는 1919년에 이르러 이미 앞에서 기록한 대로 첫 장로임직식을 거행하여 당회를 조직함과 동시에 제주도에 선교사를 파송하기로 하였다. 여기서는 제주도에 파송된 선교사의 활동에 대하여 자세히 알아보겠다.

봉선리교회는 앞서 "제주에 전도인을 파송하고 봉급을 담당하여 재미있게 일하는 중이오며" 라고 했듯이, 제주도에 1919년 이전에 전도인을 파송하였다. 그렇다면 그는 누구인가? 『조선예수교장로회사기』(하권)에는 "1918년: 광주군 봉선리교회에서 원용혁(元容爀)을 제주에 파송하여 5년간 전도하게 하고 그 후에는 김재진을 파송하여 계속 전도케 하였다"[83]는 기록이 남아있다. 전도인 원용혁은 1918년도부터 제주도에 파송되어 윤식명 목사의 지도를 받으면서 전도에 임하였으나 예기치 못한 불행을 당하기도 하였다.[84]

그러나 원용혁 전도사가 이렇게 어려운 상황에 처했다는 소식을 접하고서 봉선리교회는 더욱 기도하였으며, 1919년에는 제주도 선교를 위하여 보다 많은 금전적 지원을 단행하는 결정을 내리기도 했다.[85] 이러한 성원에 힘입어 원용혁 전도사는 1922년에 제주도 부재리(扶才里)교회와 두모리교회를 설립했다. 이렇게 선교의 열정이 식지 않았던 것은 1922년에 김익두 목사를 초청하여 부흥사경회를 개최하였으며 600여 명의 신자가 대감동을 받아 결심자가 70여 인이고, 교역자를 위하여 100여 원을 연보하였다는 등의 기록을 통해 알 수 있다.[86]

이렇게 제주도 선교가 활발하게 진행됨에 따라 봉선리교회는 1924년부터 "제주전도사업후원회"를 결성하였고, 1925년 1월 3일에 제주전도사업후원회 임원진을 다시 선출하였다. 『기독신보』는 다음과 같이 보도했다.

> 제주전도사업후원회
> 전남광주군 봉선리교회에서는 제주도 동포의 영혼들을 구원하려고 수년 전부터 단독 전도인을 파송하고 그 사업을 더욱 확장 키우기 위하여 후원회를 조직한지 불과 일년에 열심기도와 많은 물질의 도움으로 전도사업에 큰 영향을 받게 하는 중 거 3일 하오 7시에 임원을 개선한바 피선 제씨는 다음과 같더라.
> 회장 오근욱, 박춘갑 / 서기 허옥, 김주언 / 회계 이태주, 오영조[87]

6. 월슨 의사의 지도

봉선리교회가 선교활동을 지속할 수 있을 정도로 크게 부흥할 수 있었던 것은 병원치료와 함께 교회를 통한 영적인 치료가 병행되었기 때문이었다.

이와 같은 의학적 · 영적 치료는 윌슨 의사의 탁월한 판단과 지도력의 덕이었다. 윌슨은 환자 치료의 방향을 다섯 가지로 정하였다. 첫째, 기독교 신앙에 의한 중생의 체험, 둘째, 자활의지를 가지고 직업교육을 받아서 경제적으로 독립할 수 있게 하고, 셋째, 재능에 따라 의학적 기술을 배우게 함으로써 동료 환우들에게 보조 의사의 역할을 하게 하고, 넷째, 지속적인 교육으로 학력을 소유하게 하며, 다섯째, 탁월한 의료적 치료를 받게 했다.

(1) 탁월한 의학적 치료

윌슨은 1912년 광주에서 집단 치료를 시작한 이래 최흥종을 통하여 피하주사를 시술함으로써 환자치료의 효과를 얻기도 하였다. 그렇지만 본격적인 치료는 "콜무그라유"(Cholmugra Oil: 대풍자유)와 "에틸과 에스터"를 사용한 후이다. 대풍자유 치료법은 영국의 의사들이 인도인들이 전통적으로 사용하는 방법을 보고 약제로 개발하기 시작하면서 알려지기 시작하였다. 그렇지만 70여 년간 대풍자유의 극소량을 경구 투액 할지라도 위장 장애를 일으켜 토하게 되고, 주사할 때도 부기가 심하여 큰 고통을 주었다.[88] 이러한 상황에 있다가 필리핀에서 사역하던 맥도날드와 딘 의사가 에틸과 에스터의 성분을 화합하여 약제로 개발함으로써 치료가 쉬워졌다.[89] 그렇다면 윌슨 의사는 이 두 가지 약품을 어떻게 하여 접하게 되었는가?

얼마 전에 경성의학전문학교 교수 시가 박사가 우리에게 콜무그라유의 특별 조제품을 기부하였는데 우리는 그것이 치료에 대하여 위대한 도움을 줄 줄로 아는 동시에 그에게 감사의 뜻을 표하다. 나의 경험한

바에 의하면 위생의 주의, 목욕, 강장제, 및 활동적 생활 등이 가장 유효한 치료법으로 알아, …… 매일 적당한 운동과 할 수 있는 자에게 공장일이나 농사일을 장려한다.[90]

윌슨 의사는 대풍자유 치료를 시술하기 전까지 자신이 개발한 치료법이 4가지였다고 했다. 그것은 바로 ① 위생적 관리, ② 목욕, ③ 강장제, ④ 활동적 생활이다. 그는 활동적 생활을 위하여 직업교육을 시켰다. 1920년경부터 대풍자유로 치료를 시작한 이래 치료 효과가 두드러지게 나타났음을 한 사람을 통해 알 수 있는데, 그는 봉선리교회에서 주일학교를 성장시켰을 뿐만 아니라 1925년에는 장로임직까지 받았던 김태옥이었다. 윌슨 의사는 1926년의 상황을 이렇게 말했다.

15년 전에 내게 와서 지금까지 있는 김태옥이라 하는 이는 처음 올 때는 가련하게도 절뚝발이요, 손가락이 오그라지고, 눈썹이 없고, 얼굴이 부어 심히 추악하더니, 나의 치료를 받기 시작한 후로는 점차 낫기 시작하여 그가 한 번은 나에게 자기 눈썹이 다시 난 것을 보이며, …… 그 후로 그는 손도 점점 부드럽게 되고, 몸이 건강하여져서 지금에 와서는 우리 병원의 병자 감독이 되었다. 금년 3월 1일에 우리 병원에서 72명과 부산문둥병원에서 40명 도합 112명이 완치되었다.[91]

(2) 자활훈련과 교육

앞에서 말한 것과 같이 윌슨 의사는 환자 치료에서 영적인 면과 정신적인 면이 중요하다는 것을 알았다. 그는 영적인 면에서는 교회생활을 통하여 구원의 확신에 이르게 하고, 정신적인 면에서는 일상적인 생활인으로서 스스로를 자각하는 것과 활동하게 하는 것이 중요하다고 생각했다. 그래서 그는 활동이 가능한 사람을 중심으로 각종 생활교육을 실시하여 자활할 수 있게 했다.

자활대책으로 윌슨 의사가 마련한 생활교육은 목공, 미장공, 제화공, 대장공, 벽돌제조공, 의료 기술의 습득 등이었다. 그리고 자급자족을 위하여 농사일을 비롯한 다양한 일에 모두 다 참여하게 하였고, 이러한 활동적인 일들이 그들에게 최상의 효과를 가져다 줄 수 있고, 회복에도 좋은 보약이 된다고 여겼다.[92] 1925년의 기록을 보면 당시 목공 7명, 석공 9명, 제화공 20명, 양철(冶)공 5명, 벽돌제조(연와)공 9명을 보유하고 있었으며, 이들이 스스로의 힘으로 지은 가옥이 4채라고 보고하고 있다.[93]

이상과 같은 광주 한센 병원 소속의 자활 기능공들은 병원내의 일에만 전념한 것이 아니라 시내의 여러 기관에서도 비교적 저렴한 임금으로 봉사하였다. 이러한 봉사의 한 면이 1926년에 완공한 광주 양림교회 예배당 건축공사였다. 광주에서 자활적인 삶을 살아가던 한센 가족들은 1926년에 설립자인 포사이드와 초대 원장 윌슨을 기념하는 기념비를 세웠다.

제3장 최흥종 목사

국립 소록도 나환자 병원에서 일생을 마감한, "한국의 슈바이처"라고 일컬어지던 고(故) 신정식(申汀植) 박사의 책상에는 선교사 포사이드, 최흥종 목사 그리고 예수님의 사진이 있었다고 한다. 왜 신정식 박사는 이처럼 최흥종 목사를 존경하는 인물로 꼽았을까? 광주시는 무슨 까닭으로 1966년 그의 사망시에 한국인중 최초로 광주 시민장(市民葬)으로 치렀고, 각 언론에서도 그의 죽음을 크게 애도하였을까?[94] 광주 YMCA는 무슨 연유로 건물 안에 최흥종 목사의 흉상을 주조하여 지금도 높이 추앙하고 있는가? 도대체 무슨 힘이 그로 하여금 일평생 동안 가족을 버리고(마 10:37-38), 병들고, 굶주리고, 헐벗고, 천대받고, 인간 대접을 받지 못하던 나환자들과 결핵환자들과 함께 하게 했을까?(마 25:35-36)

최흥종 목사는 광주 중앙교회를 세우고, 남문밖교회(양림교회/제일교회 전신)와 제주도 모슬포교회, 무등산 신림교회와 무등원교회를 세우고 보살폈으며, 시베리아 선교활동을 했다는 점에서 목회자이며 선교사이다. 또한 광주 YMCA를 설립하고, 노동공제회와 신간회 전남지회장을 역임하고, 모루히네(아편) 방독회 회장, 그리고 해방후 건국준비 위원회 전남지회장을 역임하는 등 사회운동가로서의 면모를 다분히 가지고 있다. 그러면서도 나환자들을 위하여 자신의 땅 1,000평을 기증하여 광주 봉선동 나환자 진료소를 설립하게 하고, 1932년에는 <나환자 근절협회>를 만들어 전국적으로 모금운동을 전개하고, 현재의 소록도 나환자 집단 진료소가 설립되도록 결정적인 기여를 하였다. 해방 후에도 흩어진 나환자를 모으고 재수용하여 보살폈고, 치료된 음성 나환자들의 재활 정착촌 <호혜원>을 만들었다. 그밖에 양성퇴원 결핵환자들의 집단 수용소 및 진료소인 <무등원>을 운영하고, 거기에 교회를 세우고 영적으로 보살피면서 죽는 날까지 이들과 함께 기거하였다는 점에서 볼 때 그는 사회사업가이다.

최흥종 목사가 이해하는 복음과 기독교는 무엇이기에 이처럼 목회자로서, 사회운동가로서, 사회사업가로서 삶을 살았는가? 본인은 최흥종에 대한 다양한 해석을 종합적으로 연구 검토한 결과, 그에게서 이 세 가지 영역이 독립적인 것이 아니라 하나로 종합적으로 연결된 것을 알게 되었다. 최흥종에게는 기독교의 복음, 사회운동, 사회봉사, 목회활동이 하나의 일직선상에 있었다. 따라서 그를 복음적 · 사회봉사적 목회자로 규정할 수 있다. 본인은 여기서 이 세 가지 영역을 함께 소개함으로써 오늘날을 살아가는 기독교인들의 새로운 표상으로 제시하고자 한다.

1. 복음 이해 – 삼애(三愛)

한 사람의 기독교 신앙인으로서 일생 동안을 좌우할 수 있는 신앙의 모범을 만난다는 것은 그만큼 삶을 풍요롭게 가꾸어주는 선물이다. 최흥종은 1904년 12월 25일 벨(Eugene Bell) 목사의 사택에서 거행된 크리스마스 예배에 참석한 이래, 1907년에 세례를 받고 1908년에 집사로 임직하여 의사 선교사 윌슨의 어학 선생 겸 조수로 광주 선교 진료소에서 근무하였다. 그렇지만 아직까지 그리스도를 개인적으로 경험하는 중생의 체험은 없었다. 그의 거듭남과 깨달음은 죽어 가는 여자 나환자를 돌보아 주는 선한 사마리아인, 포사이드 선교사를 통하여 이루어졌다. 포사이드가 여자 나환자를 돌보는 모습은 최흥종에게는 전혀 새로운 깨달음으로 다가왔다. 최흥종은 계속적으로 자신의 깨달음을 이렇게 표현했다.

> 예수님의 박애정신은 고사하고 동포애조차 결여한 인간으로서 무슨 신앙이냐는 자책이 나를 사로잡게 된 것입니다.[95] …… 그러나 그 다음 순간 뜨거운 감동이 내 마음을 뒤흔들어 땅에 떨어진 그 지팡이를 주어서 환자에게 쥐어줬던 것입니다. 그 당시 교회 집사직으로 있으면서 제법 믿는다고 하던 나였는데 사랑이라는 진미(眞美)를 못 깨닫고 포 의사의 그와 같은 애적(愛的) 행동을 보고서야 비로소 깨달은 것입니다.[96]

최흥종은 포사이드를 자신의 신앙의 전형(model)으로 삼았고, "거룩하다" 그리고 "성자" 라는 단어를 쓰기에 서슴지 않았다.[97] 이 사건은 최흥종 목사의 신앙과 인생을 뒤바꾸어 놓은 결정적인 사건이었으며, 그의 일생의 사역을 결정짓는 하나님의 계시였다. 그는 여기에서 기독교를 사랑의 종교로 이해했다. 따라서 최흥종 목사의 일생은 기독교의 사랑이라는 단어를 명사형이 아닌 동사형으로 이해한 데 기초하며, 자신의 삶을 신앙과 일치시키려는 신행일치(信行一致)의 훈련이었다. 그리고 자신의 삶을 하나님 사랑, 이웃 사랑, 나라 사랑의 삼애(三愛) 정신으로 살았다.

한편 해방 후 김구 선생이 1947년 광주에 와서 무등산 오방정(五放亭)에 그와 함께 7일간 기거하면서 정치에 참여할 것을 촉구하였으나 그는 끝까지 거절하였다. 이에 김구 선생은 최흥종 목사에게 '화광동진(和光同塵)' 이란 액자를 써주고 헤어졌다.[98] 최흥종 목사에게 기독교의 복음은 정치적 출세의 수단이 될 수 없었다. 그가 오방(五放)이라고 할 때 "정치로부터의 자유"도 그 하나였던 것이다.

2. 사회이해 – 신행일치(信行一致)의 확대

한국 장로교회는 두 번의 회의, 즉 1890년 6월에 북장로교 선교사 7명이 결정한 '네비우스 방법론'의 채택과 1893년 1월에 남 · 북 장로교 공의회에서 지역분할과 네비우스 선교 방법론을 기초로 한 새로운 선교정책을 확정하였다.[99] 선교 공의회의 결정에 따라 각 선교회는 각 지역에 복음 선교사(목사), 의료 선교사(의사), 교육 선교사(교사) 그리고 여성 및 아동선교사(여선생)를 파송하였다. 이상 네 사람은 공의회에서 결정한 선교방법에 따라 하층민을 상대로 전도하고, 각 군에 학교와 병원을 하나씩 세우고 한글 성서를 보급하였다. 사회의 하층민을 상대로 한 전도는 첫째, 교회설립을 통한 구원의 확신, 둘째, 학교와 병원을 통한 사회적 인식의 진작과 진출, 셋째, 선교사들이 하층민에 대한 인권적 보호자로 자처함[100]의 세 가지 방향으로 진행되었다. 그 결과 교회를 통한 인권회복의 계기가 마련되었다.[101]

1884년부터 사회의 하층민들을 상대로 한 복음전파가 10여 년 지속되자 하층민의 각성과 사회 진출의 기반이 마련되었다. 즉 그들은 선교사들이 세운 병원, 학교 등을 통하여 사회적으로 신분이 향상되었다. 뿐만 아니라 선교사의 그늘 아래 조선 정부의 관료들과 지방 유지들로부터 신분 보호까지 받을 수 있었다.

한편, 감리교측 선교활동의 결과로 지식인 지도층이 개신교로 개종하고 정치적인 활동을 벌였는데, 이들을 통해 민족운동이 교회를 중심으로 일어나기 시작하였나. 1896년, 서재필과 윤치호가 귀국하였다. 서재필은 <독립협회>를 만들었고, 배재학교에서 학생도 가르쳤다. 당시 배재학교는 1895년 3월부터 정부에서 파견된 관비유학생을 받아들여 교육하였는데, 학생들은 1897년 초부터 과외활동을 위하여 협성회(協成會)를 조직했다. 서재필은 한 주일에 한 번씩 이 협회에서 연속강연을 실시하고 학생들과 더불어 각종 시사문제에 대한 토론회를 개최하였다. 이 협회에 가입한 학생들은 자연히 국가의 정치적 · 사회적 관심을 갖게 되었다.[102] 배재학교와 협성회를 통해 개화파 지식층은 졸업 후 독립협회에 다수 가입하였다. 1898년 1월, 독립협회 회원들에 대한 체포령과 함께 수감된 이승만, 이상재, 신흥우, 김정식, 이원긍, 이승인, 홍재기, 안국선 등이 감옥에서 개신교로 개종하기 시작하였고, 1910년 8월 29일 굴욕적인 국권상실에 의하여 교회는 사회적 관심을 넘어서 정치적 피난처 역할을 감당하였으며, 더 나아가서 정치적 · 사회적 관심을 논의하는 장(場)으로 활용되기 시작하였다.[103]

그러나 선교사들은 기독교와 사회와의 상호관계를 다시 규정하면서 엄정중립 불간섭(strict neutrality & non-interference) 원칙을 고수하였다.[104] 이 선교정책은 교회가 한국 사회로부터, 특히 지성인 층으로부터 점점 경원시되는 계기를 제공했다. 사회의 제반 문제를 도외시하면서 오로지 복음만을 외치던 한국교회를 향한 사회의 지도층으로부터 비판이 일기 시작하였다.[105]

선교사들이 주장하는 사회활동에 대한 무관심과 불간섭은 한국인 개종자들이 최하층민으로 구성되어 사회적인 신분을 주장할 수 없었던 초기단계(1884–1900)까지는 가능했다. 개종자들이 선교사들이 세운 학교를 통하여 깨우침을 받고, 인권을 회복하고, 사회적으로 진출하여 활동함에 따라 자연적으로 교회와 국가에 대하여 관심을 갖게 되었다. 따라서 선교사들이 한국인 개종자들에게 사회적 인식을 깨우쳐주고서, 정작 한국인 개종자들이 이 인식을 바탕으로 신앙을 사회적으로 행동화하는 것은 제지한다는 것으로 논리적으로 타당성을 갖지 못할 수밖에 없었다.

특히 1919년 3 · 1만세운동으로 외래종교였던 개신교는 한국 사회로부터 인정을 받아 뿌리를 내리기 시작하면서 사회적 · 국가적 문제에 대한 관심을 보이기 시작하였다. 이로써 한국 개신교는 한국 사회로부터 더욱 더 신임을 얻었다. 호남 지역, 특히 광주를 중심으로, 이와 같은 사회적 · 국가적 관심사를 개신교가 수용함으로 지역사회와 교회를 하나가 되게 한 인물이 바로 최흥종이였다. 최흥종의 활동이 이처럼 선교사들이 세운 교회사역과 학교, 병원사역을 넘어서 사회적 사역으로 확대되었다.[106]

최흥종 목사는 기독교 복음을 사회봉사적 삶으로 실천함으로써 교회와 사회를 하나로 연결시켰다. 그는 교회가 사회를 이끄는 선구자적 기능을 수행하도록 하였다. 최흥종 목사는 선교사 사회의 주류에 속하는 선교사들보다는 비주류에 속하는 선교사들과 함께 하였고, 한국인 목회자 사회에서도 교권적 목회자보다는 사회봉사적이고 참여적 목회자들과 함께 하여 선교사 사회와 교계로부터 크게 환영받지는 못하였지만, 지역사회로부터는 전형적인 기독교인으로 존경받았다. 그가 보여준 모범에 따라 사회를 섬기는 것이 곧바로 하나님의 교회를 섬기는 것이며, 이것이 한국 개신교가 한국 사회에서 깊은 뿌리를 내릴 수 있었던 원동력이 되었다.

특히 최흥종 목사는 앞서 언급했듯이 1919년 3 · 1만세운동이후, 1920년에서부터 1935년까지 목회생활과 함께 사회운동과 사회사업에 크게 관여하였다. 그렇지만 그는 소위 말하는 사회인은 아니었다. 그의 활동은 모두 목회자로서의 심김이었나. 일제의 침탈로 농포들의 권익이 손상 당할 때, 기독 지성인으로서 일제에 대항하고 동포들의 권익을 보호하고 쟁취하는 행위는 겨레의 십자가를 지고 가는 골고다의 길이었다. 야학을 실시하고, 각 지방에 신협을 설립하고, 농업진흥을 위해 농사기술을 보급하는 행위도 제자들을 가르치는 예수님의 모습을 따르는 것이었다. 나환자들과 걸식 부랑자들을 위한 숙소마련을 위하여 총독과 전라남도 일본인 도지사를 면담하여 담판 짓는 모습은 그가 시대의 대변자였음을 여실히 보여준다.

그렇기 때문에 최흥종 목사의 사회운동 및 사회봉사 활동도 결국 목회자로서의 목회활동의 하나였으며, 그것도 교회당과 교회조직에 국한되지 않고, 지평을 확대시킨 것이었다. 따라서 오방(五放) 가운데, "종교로부터의 자유"는 그의 교회와 사회의 포괄성을 말하는 것이다.

3. 삶의 출발점과 귀환점

최흥종은 1909년 4월 포사이드가 여자 나환자를 보살피는 모습을 목격하기 전까지는 출세 지향적인 사람이었다. 그러나 이 사건에서 극적인 변화를 일으킴으로써 인생여정이 크게 바뀌어, 그는 섬기는 신앙인으로 전환하였다. 이 사건은 그의 목회자로서의 삶의 밑바닥에 깔린 주춧돌이 되었다. 그에게는 기독교 신앙이 복음과 삶, 교회와 사회가 조화된 하나로 나타났으며 그것도 사회의 최하층민의 삶을 위한 섬김과 헌신으로 나타났다.

우리는 그의 삶의 변화를 세단계로 나눌 수 있다. 첫째 단계는 1904년부터 1907년에 이르는 개종과 순검 생활이었다. 이 기간에 그는 일본의 보호령을 거부하는 의병운동을 무찌르기 위한 순검이 되었지만, 오히려 이를 통해 자신이 일본의 정치적 착취의 하수인이 된 것을 깨닫고 3 · 1만세 운동 이후, 적극적인 정치 참여적 사회봉사 활동에 매진하게 된다. 그럼에도 그는 끝까지 정치를 통한 사회적 진출의 기회로 삼지 않음으로써 복음적 목회자로서의 자세를 잃지 않았다. 그는 다만 이와 같은 정치적 사회참여를 목회의 일부로 여겼다.

둘째 단계는 세례를 받고 농공은행 행원으로 근무하는 동안에 얻은 일본의 자본에 의한 경제적 착취에 대한 깨달음이었다. 최흥종 목사는 한국인들이 경제적으로 자립하지 않으면 완전한 독립을 얻을 수 없다는 판단 아래 1930년대에는 광주 YMCA를 통하여 농어촌 부흥운동을 꾀하였다. 농사법 개량을 통한 소득증대, 신용협동조합의 설립과 육성, 농업학교의 운영하였다.

셋째 단계는 집사와 장로, 목사로 진행되는 과정에서 체제지향적 선교사들과 손잡고 일하다가 한국인들에 대한 순수한 사랑보다는 업적위주의 선교 사업을 전개하는데 실망을 느끼고 신앙 중심적 유형으로 전환하는 모습이었다. 그는 선교사 사회로부터 인정받지 못하는 신앙 중심적 유형의 선교사들로부터 영적인 거듭남을 맛보고 사업과 업적 위주의 목회자 사역에서 섬김과 봉사로 전환했다. 이와 같은 전환은 3 · 1만세운동 이후 아편금지 운동의 전개, 금주 · 금연 운동, 공창폐지 운동에 협조한데서 나타나고, 1930년대에는 나환자 근절협회의 조직과 활동, 걸인들과 부랑자들의 거처를 제공하여 숙식을 해결해 주었으며, 해방이후에는 양성 퇴원 결핵환자들과 음성 나환자들에게 거처를 마련해 주고 보살피는 운동으로 전개되었다. 이것을 도표로 정리하면 다음과 같다.

교회의 직분	직업	경험	치유적 대안
개종과 방황	순검	정치적 착취	1. 노동공제회/ 신간회 전남지회장 2. 건준 위원장/ 미군정청 자문위원회 위원장
세례교인	농공은행 행원	경제적 착취	1. 농사법 개량 2. 신용협동조합
집사/ 장로/ 목사	선교사/ 어학선생/ 한센병원 책임자/ 목회자/ (담임목사, 선교사, 노회장)	체제지향적-사업중심적 선교 및 목회사역의 한계성	1. 아편 금지/ 금주 · 금연/ 공창폐지 운동 2. 나환자 근절협회/ 걸인과 부랑자 숙식제공 3. 무등원과 설립

이상과 같은 최흥종 목사의 변화에서 대칭적 순환이 있음을 알 수 있다. 최흥종 목사는 광주를 중심으로 한 호남이라는 지역사회에서 과감하게 사회의 제반 문제에 개입하여 적극적으로 해결함으로서 오히려 교회의 위상을 높이고, 교회의 지평을 확대시켜 기독교인들의 사회적 위치를 격상시켰다. 즉 최흥종 목사의 삶은 언제나 교회로부터 출발하여 사회적 활동과 교회적 활동을 병행하다가 다시 교회로 귀환하는 순환을 보여 주었고, 이를 통해 그가 복음적 · 사회봉사적 목회자였음을 알 수 있게 된다.

4. 버림과 자유

한국에서 선교활동을 전개하였던 미국 남북 장로교는 교회와 학교, 병원을 세웠고, 여기에서 깨우침을 받은 신앙인들이 지역사회에서 변화의 주된 원동력이 되었음은 주지의 사실이다. 그러나 선교사들과 교회를 이끄는 목회자들에게는 사업-팽창적 업적위주에 치우칠 위험을 안고 있었다. 그리고 이 위험성은 신사참배라는 위기를 직면하여 하나님에 대한 변절로 나타났다. 둘째로 평신도들에게는 교회 내에서와 교회 밖에서의 서로 다른 이중적인 신앙인격을 형성시킴으로써 신앙의 일관성을 잃게 하였다. 교회에서 깨달은 복음을 동포들의 어려움을 돕고 감싸는 사회봉사적 삶으로 승화시키지 못하였다. 셋째로 현 세상보다는 앞으로 닥칠 내세를 더욱 중요시함으로써 신앙인의 삶의 이분화를 초래하였다. 넷째로 교회와 관계된 제반 일을 가장 우선적으로 생각함으로써 이광수가 지적한 종교지상주의의 병폐를 낳았다.

최흥종이 부르짖은 신앙인의 새로운 삶의 자세가 버림과 자유였다. '방(放)'이란 얽매임으로부터의 자유이며 동시에 자유에 대한 얽매임이다. 그에게는 맬 수도 있고 동시에 풀기도 하는 진정한 자유함이 있었다. 가사, 사회, 경제, 정치 그리고 종교로부터 오는 다섯 가지 얽매임을 버림으로써 다섯 가지로부터 자유함을 얻을 수 있었고, 이로 인하여 포사이드의 삶에서 보았던 예수님을 닮아 가는 승화된 삶을 살 수 있었다. 최흥종 목사에게는 세상의 모든 사람이 "형제요 자매요 모친"(막 3:31-35)이었던 것이다.

최흥종은 다섯 가지를 버림으로써 교회와 사회를 사회봉사적 섬김으로 연결시켰으며, 위에서 언급한 병폐를 치유할 수 있었다. 그가 이렇게 사회봉사적 목회자로서 섬김의 삶을 살았던 시기는 개신교가 광주를 포함한 호남이라는 지역사회에서 그 위상이 가장 높이 격상되었던 기간이다. 최흥종 목사가 보여준 사회봉사적 삶은 비록 구원의 전제조건은 될 수 없을지라도, 교회가 한국사회에서 지속적으로 존속할 수 있는 필수조건이 되었다.[107]

제3부 봉선동에서 신풍리로

광주 한센병 집단 치료소를 한적한 곳으로 이전하라는 명령은 오래전부터 예견된 것이었다. 환우들이 광주로 몰려들면서 입원을 호소하는 불쌍한 모습을 광주 시민들은 좀처럼 받아들일 수 없는 상황이었다. 환우들을 뱀이라고 부르면서 죽이겠다는 협박을 하기도 했다.

한편 미국 남장로교 한국 선교회는 후보지 선정 위원회를 구성하여 장소를 물색하고, 엉거 목사를 미국으로 보내어 이전에 필요한 자금을 모금하게 하는 등 철저한 준비를 했다. 그리고 현재의 애양원 자리를 확보한 다음 곧바로 건축공사에 착수하여 1927년에 환우들과 함께 이전했다. 이 때부터 윌슨의 사역은 애양원과 애양병원에 전적으로 집중되었으며, 애양원은 그의 꿈이 실현되는 낙원이었다. 애양원이 여수로 옮긴 이후 윌슨은 "믿음, 일, 대풍자유" 라는 세 가지 치유법을 동원했다. 그 가운데 믿음이 최고라고 하였다. 이를 위해 윌슨은 애양원교회의 원목이 외국인 선교사가 아닌 한국인 목회자여야 한다고 판단하여 한국인 목회자를 애양원에 상주시켜 환우들의 완쾌율을 높여 나갔다.

여기서는 애양원과 애양병원의 운영, 환자치유의 성과, 그리고 한국인 목회자 김응규 목사와 손양원 전도사, 신사참배와 애양원의 수난에 대하여 알아보겠다.

제1장 윌슨과 순천 애양원

광주 봉선동 생활을 정리하고 여수 애양원으로 옮기는 데에는 여러 사건이 복합적으로 작용했다. 첫째는 광주시로부터의 퇴거 명령, 둘째는 윌슨 의사의 신앙적 결단, 셋째는 동료 선교사들의 협력, 넷째는 엉거 목사의 지원, 그리고 다섯째는 최흥종 목사의 모금 등의 일이다.

1. 봉선리에서 신풍리로

광주 봉선리에서 집단으로 생활하면서 치료받는 환우들 이외에도 입원을 희망하는 무의무탁한 환우들이 많았다. 그들은 누더기를 둘러쓰고 봉선리 일대를 배회하였을 뿐만 아니라 광주 시내에까지 나타나곤 하였다. 따라서 광주시 시민들과 시 당국은 이 문제를 해결하기 위해 1920년대 초반부터 선교사들을 접촉했다.

정부의 이전 명령은 물론 일방적인 것은 아니었다. 당시 정부는 25,000원(12,000 달러)을 보상 및 이전비로 지급해 주었다. 이 명령과 약속에 따라 미국 남장로교 한국 선교회는 광주 봉선리 환우들을 이전시킬 계획을 수립하고 후보지 선정 위원회를 구성하고 전라남도 일대 해변가에 적당한 장소를 찾기 시작하였다. 또한 엉거 목사는 특별한 사명을 띠고 미국으로 가서 성공리에 모금하였다.

광주 봉선리에 토지를 기부하였던 최흥종 목사는 물론 1924년 10월부터 광주 금정교회의 담임목사로 재직하면서 봉선리 한센 집단 치료소의 이전 계획을 알게 되었고, 광주의 여러 교회들과 지인들이 협력함으로써 15만원을 모금하였다. 이 정도의 액수는 얼마나 많은 돈일까? 1930년 후반 동아일보 신문기자의 한 달 급여가 30여 원이었다. 가나안 농군학교의 김용기 장로의 증언에 따르면 이 즈음의 면장 한 달 급여가 38원 정도였다. 김용기 장로가 운영하는 봉안 이상촌을 찾은 조선총독부의 정무총감(현 국무총리)이 김용기 장로를 총독부 산하의 전시생활과장으로 추천하면서 150원의 월급을 주겠다고 했다. 이로 보면, 15만원은 면장의 3,947개월 급여이며, 동아일보 신문기자의 5,000개월 급여에 해당되었다. 즉 신풍리 애양원의 건실은 정부로부터 받은 보상금 25,000원, 잉거 목사의 모금액, 그리고 최흥종 목사의 모금액 15만 원 등 큰 금액이 소요되는 대공사였던 것이다.

남은 일은 윌슨 의사의 결단이었다. 윌슨은 광주 기독병원 원장으로 지내면서 어느 정도의 문화생활을 즐기고, 자녀 교육에도 편리하고, 더 나아가서 한센 환우가 아닌 일반인들도 함께 만날 수 있는 상황에서 한센 환우들과만 만나는 격리된 삶으로의 전환을 결단해야 했다. 이는 윌슨이 1908년 미국에서 의사생활을 포기하고 한국으로 선교사로 나올 때의 결단과 같은 것이었다. 어떻게 보면 지금의 결단은 1908년보다도 훨씬 더 힘들고 어려웠다. 왜냐하면 아내와 자녀들이 함께 했기 때문이다. 결국 윌슨은 언제나 쉽고 편한 곳에서 힘들고 어려운 곳으로, 영광과 찬양의 장소에서 멸시와 천대의 장소로 하강(下降: descending)하는 선택을 하곤 했다.

이것은 종교 개혁자 루터가 하나님의 사역은 항상 “역으로(through opposite)” 라고 말한 것과 같은 맥락이다. 즉 하늘 높이 영광의 자리에 계실 예수님이 저 음부의 자리에까지 내려갔다. 생명이신 예수님이 죽임을 당했고, 승리이신 예수님이 패배를 당했다. 뿐만 아니라 영광과 찬양을 받으실 예수님이 멸시와 천대를 받았다. 예수는 본래적인 사역(opus proprium)을 버리고 비본래적인 사역(opus alienum)을 택함으로 이 세상의 구세주가 되었다. 이처럼 예수님께서 하늘보좌, 영광과 찬송, 승리와 생명을 포기하고 반대로 음부, 멸시와 천대, 패배와 사망을 택함으로써 인류의 구세주가 되신 것을 실천한 사람들이 선교사들이었다. 이들은 "역으로"의 비밀이 주는 심오함으로 알았고, 포사이드에서 윌슨으로 이어지는 의료선교사들은 기꺼이 이 방법을 실천했던 것이다.

미국 남장로교 한국선교회는 순천 선교부의 협조를 받아서 현 애양원 자리를 물색하고서 곧바로 부지 정리 작업에 착수했다.

2. 신풍리 건설과 초기 생활

윌슨은 1925년부터 1927년까지 광주 선교부 소속으로 광주 기독병원과 봉선동 집단 치료소를 돌보고 애양원의 터를 닦고 집을 짓는 일 등을 감독하였다. 점점 그 모습을 잡아가고 있던 애양원은 소규모 공동체일 뿐만 아니라 지금까지 절망과 좌절 속에 살았던 사람들의 행복한 사람의 터전이자 천국이나 다름없었다.[108] 이들은 교회를 중심으로 믿음을 키우고, 병원으로부터 대풍자유 기름주사를 맞고, 각 작업장에서 일을 함으로써 자립할 수 있었다. 이러한 삶을 통한 치료 가운데서도 윌슨은 믿음을 가장 중요하게 여겼다.

나는 환센 환우들에게 당신들이 병을 나으려면 필히 믿음, 기름 그리고 일을 가져야 하며 그 가운데에서도 믿음이 제일 크다 라고 말한다. …… 일은 희망이 없고 불가능하게 보일지라도 하나님은 길을 열어 주신다.[109]

윌슨은 순천 신교부에 있는 사택에서 매일 출퇴근하였다. 당시 애양원은 일반인 구역과 환우들 구역이 구분되어 있어 환우 구역에는 쉽게 접근할 수 없었고, 환우들도 밖으로 나올 수 없었다. 따라서 윌슨은 그가 퇴근한 후에는 환우 스스로의 자치에 의하여 자신들의 삶을 운영하도록 하였다. 이러한 자치적 삶을 위해 윌슨은 실행위원회를 구성했는데, 그는 각 부서에서 두 명씩 선발하여 총 22명의 환우를 중심으로 민주적이며 자발적인 위원회를 구성해 전체 환우들의 지지를 얻었다. 이들은 800명의 환우들을 전체적으로 돌보고 관리하는 일을 수행하였다.

또한 환우들 가운데 유능한 인재를 발굴하여 의사와 교사로 양육하였는데, 이들은 수술, 투약, 주사, 드레싱 등 기존의 의사가 행할 수 있는 의료행위를 충분히 해낼 수 있는 사람이 되었다. 그리고 미감아 자녀 97명을 위한 학교를 8명의 교사에게 맡겼다. 또한 영적인 지도자가 될 수 있는 사람들을 수년간 가르쳐서 전 교인들을 구역별로 맡아서 성경공부를 인도하게 하였다.

애양원과 애양병원의 환우들의 운영에 대한 참여는 환우들을 "인간으로 대접"하는 윌슨의 배려가 있었기 때문에 가능하였다. 즉 일반인과 동등한 인간으로 자립하면서 자존감을 누리면서 살 수 있도록 이끌었던 것이다.

제2장 애양원교회의 발전

광주 봉선동에서 18년간 생활하였던 한센병 집단 치료소는 병을 치료하는 공간이며 동시에 한센 환우들의 삶과 눈물, 기쁨과 슬픔이 함께 있는 곳이었다. 대다수의 환우들은 가족과 헤어지는 아픔을 가졌고, 나아가서 사회로부터 멸시당하는 고통을 안고 있었다. 심적 아픔은 육체적 아픔보다도 더 컸으며, 이로 인한 정신적 · 영적 왜곡은 심각한 병으로 발전했다. 이런 상태에 있던 환우들에게 예수 그리스도와 내세의 희망은 질병 치유보다 더 중요한 요소였다. 때문에 윌슨 의사는 영적인 치유를 위하여 믿을만한 목회자를 중심으로 교회를 운영했다. 윌슨과 함께 엉거 목사와 한국인 김응규 목사와 손양원 목사가 있었다.

1. 엉거(James Kelly Unger) 목사

엉거 목사는 1893년 4월 9일 미국 미시시피 주 코시우스코(Kosiunsko)에서 아일랜드계 아버지(James Patrick Unger)와 스코트랜드계 어머니(Mattie Theodocia Waugh) 사이에서 태어났다. 1909년부터 1911년까지 포트 깁슨(Port Gibson)에 있는 챔벌린 허스트 대학(Chamberlin Hirst Academy)에서 공부했다. 1911년에 미시시피 대학(University of Mississippi)에 입학하여 1915년에 교육학 학사학위를 취득했다.

엉거는 1915년부터 1917년 사이 미시시피 주 홀리 스프링스(Holly

Springs)와 미틀(Myrtle)에 있는 초등학교 교장직을 각각 1년씩 수행했다. 1917년 9월 프린스톤 신학교(Princeton Theological Seminary)에 입학하여 1920년 5월 졸업했다. 동년 8월 13일에 동 미시시피 주 노회에서 목사 임직을 받았고, 10월 27일에 스미스(Ealine R. Smith)와 결혼하였다. 이들은 같은 해 11월 9일에 미국 남장로교 한국선교회 소속 교육 선교사로 지명을 받았다. 그리고 1921년 3월에 광주에 도착하여 윌슨 가족이 안식년을 맞이하여 미국에 가 있는 동안 윌슨의 집에 머물렀다. 이들이 겨울철에 광주에 머물던 기간 벽난로에 장작을 지나치게 많이 넣은 관계로 윗층부터 화재가 발생하여 윌슨이 안식년을 마친 다음에 새롭게 집을 지어야 했다.

엉거 목사는 유머 감각이 뛰어난 사람이었다. 자신이 일으킨 화재에 대해서 '윌슨 식구들이 자신들이 윌슨의 집에 머무는 것을 싫어했기 때문에 화재가 난 것'이라고 표현하는 등 선교회의 여러 집회와 선교사들의 모임에서 분위기를 살려주는 사람이었다.[110] 엉거 목사는 미국 남장로교 한국 선교회 교육 선교사로서 매우 훌륭한 학력과 준비를 갖추었는데, 그는 광주 선교부에 배속되어 광주 남학교와 여학교에서 강의하는 등 바쁘게 지내면서 한국어 공부에 전념하게 된다. 또한 이 기간 윌슨의 한센병 치료에도 크게 관심을 보이기 시작한다.

엉거는 광주 한센병 집단 치료소를 여수 애양원으로 옮겨야 할 즈음 미국에 가서 필요한 자금을 모금하는 역할을 했다. 그는 1925년부터 순천 선교부 소속으로 자리를 옮겨 순천 남학교 교장과 주일학교 책임자와 한센 사업을 맡았고, 1927년 애양원에 환우들이 정착한 뒤부터는 애양원교회의 담임목사 역할까지 맡았다. 그러나 안식년을 맞이한 후 1928년 6월에 귀국하자,[111] 윌슨은 애양원교회 교우들과 순천 선교부 선교사들과 상의하여 한국인 목회자를 청빙하기로 결정했다. 이렇게 하여 김응규 목사가 오게 되었다.

2. 김응규 목사

윌슨은 1929년 5월 안식년을 맞이하여 미국으로 귀국하고, 엉거 목사가 1929년 9월에 안식년을 마치고 한국으로 돌아올 것을 예견하면서 애양원교회에 한국인 목회자를 청빙하기로 했다. 윌슨은 광주에서 한센 환우 집단 치료소를 시작할 1912년부터 원내 교회에 선교사 목사를 청빙했다. 그러나 이들은 환우들과 함께 동거 동락하는 삶을 살 수 없었고, 선교사들이 한국어를 아무리 잘 익힌다 할지라도 자유로운 의사소통이 힘들었다. 나아가 외국인 선교사와 한국인 환우들 사이에서는 보이지 않는 벽이 있다는 것을 알고 한국인 목회자를 청빙하기로 했다.

첫 번째로 온 한국인 목회자가 광주 금정교회에서 담임으로 재직하던 김응규 목사였다. 윌슨과 엉거를 비롯한 선교사들은 김응규 목사를 높이 칭찬하였다. 김응규 목사는 어떻게 하여 애양원의 목사로 부임하게 되었을까? 1923년 엉거는 한국교회들을 순회하면서 광주 한센 집단 치료소의 상황에 대한 설명과 함께 후원을 부탁하였다. 그 때 엉거 목사가 김응규 목사가 목회하는 교회(목포 양동교회)를 방문했다. 병석에 있어 예배에 참석할 수 없던 김응규는 교회 앞에서 엉거 일행을 맞이하는 자리에서 어린아이처럼 엉엉 울면서 "주여 제가 한센 환자들을 위하여 무엇을 해야 합니까?" 라고 기도하였다고 한다. 그 해 크리스마스에 김응규 목사는 한센 환우 40명을 예배에 초청하여 함께 예배드렸다. 그 자리에서 김응규 목사는 한센 환자들을 위하여 무슨 일이라도 하겠다고 결심하게 된다.[112]

1929년 엉거 목사는 안식년을 마치고 돌아와서 애양원에도 한국인 목사가 필요하다고 판단하여 애양원교회에 목사들을 초청하여 설교하게 하였다. 교인들은 김응규 목사를 적극적으로 원하였다. 결국 김응규 목사는 전남노회의 만류를 물리치고 애양원교회의 목사로 부임했다.

김응규 목사는 애양원교회에 부임하여 자신을 돌보지 않고, 환자들과 더불어 성실하게 일했다. 그래서 선교사들과 환우들로부터 좋은 명성을 얻었다. 1931년 2월에 윌슨은 김응규 목사는 자신의 일에 철저하며 아주 관심을 가진 것으로 판단했다. 윌슨은 1931년 3월에 김응규 목사와 함께 크레인의 선교구역인 고흥 일대의 무의촌 진료에 나섰다. 낮에는 여러 시골지역과 학교에서 한센병에 관하여 설명하고 밤에는 인근 교회에서 부흥집회를 열었다. 이렇게 두 사람은 7일 동안 의료 및 복음 선교에 나서기도 했다.[113] 즉 김응규 목사는 윌슨 원장과의 협력을 통해 환우들의 삶에 영적인 치료와 육적인 치료를 겸할 수 있었던 것이다.

이처럼 한국인 목회자 김응규와 윌슨이 경영한 애양원은 국내외 정치적, 경제적 어려움 속에서도 나름의 안정을 찾아갔던 반면, 순천노회는 1938년에 신사참배를 놓고 일대 회오리바람을 맞았다. 안타깝게도 김응규 목사는 이 바람에 휘말려 신사참배를 지지하는데 강압적으로 찬동하고 말았고, 이것이 걸림돌이 되어 애양원교회를 사임하게 된다. 그가 제주도 한림교회로 떠나고 애양원교회가 공석이 됨에 따라 엉거 목사가 임시 목사를 맡으며 후임자를 선정하게 되는데, 이런 상황에서 손양원이 등장하게 된 것이다.

제4부 애양원과 손양원 목사

제1장 일제하 한국교회의 모습

일제는 1912년부터 계획했던 신사를 1918년 서울 남산에 건립하기 시작하여 1925년에 <조선신궁>을 완공했다. 이에 대한 기독교계의 반대는 다방면에서 일어났다. 우선 경성 기독교 연합회가 조선 총독부 앞으로 개진서(開陳書)를 제출했으며, 9월에는 학생들의 반대시위가 있었다.[114] 선교사 측에서는 1925년 4월 커(William C. Kerr: 공위량) 선교사가 "조선의 신사참배(Shinto Shrines in Chosen)" 라는 제목의 글을 발표했다.[115] 그는 서울에 있는 일본인 기독교인 연합회에서 초청한 일본인 시무카(Shimooka) 씨의 강연회에서 거론된 내용을 정리한 다음 경기도 지방 자문관으로 있는 오토사쿠 사이토(Otosaku Saito) 씨의 논의 사항을 보여주었다.

최근에 이르기까지 총독은 신사가 종교적 기관이 아니라고 하였으나, 문교부 종교과는 기독교와 불교와 함께 신사를 다같이 관리하였다. 그러나 이제는 부총독의 역량있는 지도아래 내무부의 사회과에서 신사관리를 맡게되었다. …… 이 문제는 종교적 관점에서 국가의 사상적 삶에서 매우 중요하므로 다음과 같이 제기한다.
– 당국자들은 신사는 종교적 기관이 아니라 황실의 조상과 국가의 공

로자에 대한 단순한 존경이라고 하지만, 연구에 따르면 신사에는 분명히 종교적 색채가 있다.

– 일본 신사가 종교적 기관이라는 견해는 일본인 기독교인들만 주장하는 것은 아니다. 예를 들면 1921년 런던의 로마 카톨릭 교회의 공식 기관은 "신도의 이상스러운 점"이라는 제목으로 '일본에는 종교적 자유가 없다. 일반학교에서는 신사참배가 강요적이다. 상황은 고대 로마 시대의 황제숭배와 매우 유사하다.' 라고 밝힌 내용을 소개한다.

– 공자에 대한 존경은 일본의 신사에 대한 존경과 매우 동일하다.

– 일본신사에 대한 존경의 형식이 종교적이다는 판단은 일본과 서양에 있는 기독교인들이 다같이 내린 것이다. 동경 제국대학의 이노우에 교수는 종교철학의 권위자이며 문학박사인 그는 신도는 종교적 기관이라고 결론 내렸다.

– 지금에 이르기까지 조선에서는 신사가 종교과 소관이었으나, 신사의 몇몇 제주들은 신도의 행사가 종교라고 공공연하게 말한다.

이상의 사항을 감안하여 우리는 당국자들에게 다음 질문을 제기한다

A. 신사와 관련된 모든 종교적 연관성을 제거하라

B. 그렇지 않다면 학생과 학교당국에 대한 신사참배를 선택사항으로 하라.[116]

그러나 이 같은 요구에는 반응이 없었으며, 일제는 1931년부터 신사참배를 더욱 강요하기 시작했다. 그리하여 한국교회는 신사참배에 대한 입장을 구체적으로 정리하지 않을 수 없었다.

1. 1931년 이후 진행된 신사참배 강요

신사참배를 강요하는 일제의 압박은 전국적으로 모든 공공기관에 가해졌으며, 교회는 가장 우선적이며 철저한 공작의 대상이었다. 전남과 광주의 상황은 어떠하였는가? 뉴랜드 목사는 1932년에 국정이 군국주의자들에 의해 완전히 장악되어서, 기독교인들은 머지않아 중대한 결단을 내려야 할것이라고 보았다.

> 군국주의자들이 완전히 장악하고 있으며 한국인들 사이에 애국심을 불러일으킴으로써 신사, 전몰 장병과 그러한 유형에 대한 참배 등이 오늘의 당면 명령이다. 지금 부양되고 있는 특별한 감상으로 인하여 전적으로 반-기독교적인 행사에 참여하지 않으면 전보다도 훨씬 적은 너그러움을 맛보아야 한다. …… 어찌되었든 우리들의 학교는 위험에 처해 있으므로 기도를 부탁한다. …… 또 다시 학생들은 '사람을 섬기는 것이 더 좋은가 아니면 하나님을 섬기는 것이 더 좋은가' 라는 질문에 직면하게 되었다.[117]

신사참배 강요는 시간이 지남에 따라 더욱 강화되어 1936년에는 "하나님을 대신하여 다른 어떤 것을 예배할 것인가?"[118] 라는 질문으로 비화되었다. 1937년에는 일본에서 10여 년간 선교사로 활동하다 미국 남장로교 총회 본부에서 총무로 근무하는 풀톤 박사가 광주를 방문하여 광주와 한국주재 선교사들은 신사참배에 관한 입장을 확고히 하였다. 이처럼 입장을 정리

되자, 한국인 학생과 선생들 사이에서 선교학교 폐교에 대한 찬 · 반 양론이 대립되었다. 그래서 당시 수피아여고 교장이었던 루트(Miss Florence Root: 유화례)의 가택을 학생들이 점거 농성하는 사태가 발생했다. 이러한 상황에서 국제 선교사 협의회(International Missionary Council)는 한국에서 진행되고 있는 신사참배 강요와 이에 따른 박해상황을 파악하기 위해 한국에 대표단을 파송했다. 대표단으로 왔던 데이비스(Merle Davis)는 선교사의 아들로 일본에서 태어났으며 일본에서 루터파 선교사로 활동했다. 그는 한국인 기독교인들이 당하는 박해를 보면서 미국인들에게 다음과 같이 전했다.

> 얼마나 많은 미국인 기독교인들이 동일한 상황에 있다면 이들 한국인들의 신앙과 용기를 보여줄 수 있을까? 얼마나 많은 사람이 수감과 고문을 받고서도 이들 한국인들이 하는 것처럼 주님을 부인하지 않을까? 나는 이들의 신앙에 놀라며 이들의 모범에 감명을 받았다.[119]

광주에 있었던 페이슬리(James I. Paisley: 이아각) 목사도 1938년 봄 전남노회가 경찰들의 인도로 신사 참배하러 갔었다고 적고 있다.[120] 이 부분에 대하여 뉴랜드 목사는 보다 더 정확한 보고를 했다.

> 광주시에는 4명의 현지인 목사가 있는데, 이들은 어떠한 상황일지라도 굳건하고 또한 진실 될 것으로 믿었다. 그러나 이른 봄에 이들이 모두 다 신사에 가기로 하였으며 또한 그들의 교회에게도 그렇게 촉구한다

는 아연실색하게 할 소식을 접하였다. …… 지난 5월 노회에서 모든 현지인 총대들은 소환 받았으며 노회가 신사에 참여한다는 동의안을 지지하라는 협박을 받았다. 노회가 모이는 장소의 출입구는 모두 경비자가 서서 출입을 통제하면서 총대 하나에게 또다시 질문하였다. 시골에서 오는 총대는 그 지방의 경찰관이 동반하여 왔다. 노회장 안에는 40여명의 경찰이 있고 경찰부대는 교회 밖에서 출입구를 경계하고서 지명된 총대가 아닌 사람들은 모두 되돌려 보냈다. 노회가 개회되자 마음이 약한 형제가 신사참배를 동의하자 제청이 뒤따르고, 토론 없이 반대의견을 묻지 않고 통과시켰다. 그 다음날 노회는 신사에 절하였다. 나는 경찰서장이 여리 밀을 하는 가운네에서, '여러분은 이제 참된 일본인입니다. 신사에 절함으로써 위대한 천조대신의 자녀가 되었기 때문입니다' 라는 말이 기억된다.[121]

1938년 가을에 개최되었던 총회에서 신사참배를 가결한 각 노회들이 함께 참여하여 신사참배를 결의하였다. 뉴랜드 목사는 1938년 9월 총회의 모습을 이렇게 전한다.

총회가 회집되기 전부터 경찰에 의하여 통제된다는 명확한 증거들이 있다. 한국인 총대는 신사에 참배한다는 서명을 하도록 강요받았으며, …… 서명하기를 거절한 몇몇 사람은 총회에 참석이 허용되지 않았다. 이것이 그들의 행위의 전부인가. 서명하기를 거절한 몇 사람은 지금 감옥에 있다. 평양에 도착하는 외국인 대표들은 미국인, 카나다인, 호주인을 막론하고 경찰서로 호출 받았으며, 신사문제가 거론되더라도 반대하거나 혹은 논의하거나 혹은 반대투표를 하지 말라는 명령을 받았다.[122]

선교사들은 '경찰이 제시하는 신사참배 동의 문서에 서명하지 않았으나, 시경국장과 도경국장을 비롯하여 100여 명 이상의 경찰이 참석해 있던 상황을 통해 회의장의 분위기가 어떠했는지 짐작할 수 있다.[123] 그날 이후 총회의 지명을 받은 위원들은 신사에 참배했으며, 모든 교회가 신사에 참배하는 것은 애국적인 사항이므로 모든 교회가 당연히 참여해야하며 반대할 일이 아니라는 권고문을 총회장 명의로 각 교회로 발송했다.[124] 이렇게 총회가 끝난 후 외국인 대표들은 총회 앞에 다음과 같은 결의문을 발송하였다.

총회장 귀하:

우리 외국인 대표들은 조선 예수교 장로회 총회 총대로 선출되어 왔으며 1938년 9월 10일 토요일 오전 회기 중 가결시킨 두 개의 안건에 대하여 반대합니다. 첫째는 신사의식에 참배하는 것을 허용한 안건이며 두 번째는 총회의 공식대표를 신사에 파송하여 절하게 한 것입니다. 우리가 반대하는 이유는 다음과 같습니다.

1. 우리는 이 행위가 하나님의 말씀과 조선 예수교 장로회 교회의 헌법에 위배된다고 믿습니다.

2. 총회장은 우리(선교사들)에게 발언권을 주지 않았으며 또한 총대들에게 반대를 투표할 권리를 허용하지 않았으므로, 이것은 헌법과 조선 예수교 장로교회의 규칙에 위배됩니다.

3. 협박아래 이루어진 동의는 제국에서 보장하는 종교의 자유에 위배됩니다.

4. 우리는 총회 규칙 제25조에 따라 회의장에서 구두로 항의한데 덧붙여 이와 같은 문서로 항의를 표하지 않을 수 없다.[125]

선교사들의 항의는 일제의 통제를 받는 총회에서 받아들여지지 않았고, 조선예수교장로회 소속의 교회도 공식적으로 신사에 참배하게 되었다. 이에 따라 한국인 목회자들과 대다수의 장로와 집사들은 신사에 갔고, 노회에 소속된 모든 신자들, 설교자들 그리고 장로들에게도 지속적인 압박이 가해졌다. 선교사들은 이 보는 상황을 감수하는 일이 무척 어려운 것이었다고 말하면서,[126] 다른 한편으로는 여전히 신사참배를 거부하고 있는 사람들에 대해서 감사의 마음을 전하기도 했다.[127]

그렇다. 아직까지 신사참배에 항복하지 않은 사람들이 있었다. 그들은 과연 누구였을까? 어떻게 그 어려움을 이겨냈을까? 이러한 상황에서 필요한 것은 무엇인가? 그것은 용기있는 대담성이었다. 그들은 이러한 대담한 용기를 가지고 더럽혀지지 않은 복음을 설교할 수 있었고 비-기독교인들로부터 비난을 받지 않을 수 있었을 것이다. 페이슬리 목사는 신사참배라는 상황을 직면하고서 몇 가지 중요한 사항을 지적했다. 첫 번째는 십계명 제1계명에 관한 내용으로 "사람을 섬길 것인가 아니면 하나님을 섬길 것인가?" 라는 양자택일의 문제였다. 둘째로 편의주의적 신앙관의 허용 여부에 관한 질문이었다. 셋째로 이 어려운 난국을 뚫고 나갈 수 있는 신앙의 덕목으로서 "용기있는 과감성"을 지적했다.[128]

이와 같은 상황에서 지조있는 한국의 신앙인들과 목회자는 과연 어떻게 행동 했어야 옳았을까? 한국의 기독교인이 모두 다 용기와 과감성으로 일제의 압박을 이겨낼 수 있었을까?

2. 신사참배 강요에 대한 교회의 태도

신사참배에 대한 교회의 태도는 로마시대 박해에 대한 태도와 동일한 양상을 나타냈다. 이러한 태도는 대략 일곱 가지로 구별할 수 있다.

첫째, 선교사들이 말했던 용기와 과감성으로 신사참배를 끝까지 거부하다가 투옥되고, 옥중에서 순교한 부류이다. 그 가운데에는 해방과 함께 출옥된 사람도 있었는데, 이들은 한국교회 재건을 부르짖다가 교계 정치에 이용당하기도 했다.

둘째, 신사참배에 동의했던 현실 순응적인 목회자들로 이들은 결과적으로 어용화되어 후대의 사람들에게 변절자라는 낙인을 찍혔다. 특히 해방 후 이들의 교권장악 논쟁과 교단분열은 일반인들과 평신도들에게 기독교에 대한 환멸까지 불러일으켰다. 그러나 이것은 한국교회 거의 모든 곳에서 이루어지던 현실이었다. 대다수의 교계지도자가 일제의 강압에 못 이겨 앞장섰으며, 생활고를 이기지 못한 대다수의 평신도 역시 그 뒤를 따를 수밖에 없었다.[129]

셋째, 국내의 오지 및 해외로 망명, 도피했던 부류이다. 이러한 유형은 세상사를 아예 잊어버린 은둔파, 해외에서 독립을 꾀하고자 했던 독립운동파, 그리고 자신의 일에 몰두한 학구파로 구별할 수 있다.

넷째, 기성교회의 친일화 경향을 반대하면서 한국적인 신학과 사상을 강조했던 지성인들이었다. 이들은 기존교회를 거부하는 무교회 운동을 펼치거나, 기독교의 삶을 구원이라는 측면보다는 현실적인 사회봉사 혹은 윤리적 삶으로 집약시키기도 했다. 이들은 톨스토이(Leo Tolstoy)의 기독교 박애주의와 우치무라 간조(内村鑑三)의 신앙생활을 그 모델로 제시하였다. 이들은 주로 도시에 거주하는 사람들이었다.

다섯째, 도시를 떠나 농촌지역에 거주하면서 신사에 참배하지 않고 농촌계몽을 통한 자립을 도모하던 태도다.

여섯째, 한국 YMCA 계통에서 일으킨 새로운 신앙운동으로, 이들은 남녀차별, 종교차별을 초월하는 새로운 형태의 신앙을 소개하고자 했다.

일곱째, 현 세상을 부인하고 내세의 안녕을 바라는 탈속적인 종말주의자들이다. 이들은 은사를 통한 신비를 강조하다가 교회 안에서 문제를 일으킴으로써 이단 혹은 사이비로 낙인 찍히기도 했다. 여기서는 크게 두 가지만 살펴보겠다.

(1) 친일 협력적 태도

친일 협력적인 태도란 1931년대부터 신사참배에 이어 창씨개명이 실시되고, 1937년 대동아 전쟁 발발이후로 공출, 징병제실시와 국방헌금 등의 갖가지 일본 군국주의 정부의 전쟁수행에 적극적으로 협력했던 태도를 말한다. 기독교인들이 친일협력을 거부하면 어떠한 고통을 감수해야 하는지에 대해서 선교사들 사이에서도 익히 알려져 있었다. 때문에 현실적 상황을 감안한다면 일제에게 고개를 숙이지 않는다는 것은 참으로 용기 있는 신앙인에게만 가능한 일이었다.

의식주를 볼모로 신사참배를 강요하는 상황에서 기독교인이라고 결코 예외는 아니었다. 대다수의 한국교회의 지도자는 "교회와 교인을 위하여"라는 표면상의 대의명분을 내세우면서 일제에 협력했다. 물론 이와 같은 친일협력에는 나름대로의 대의명분이 없었던 것은 아니다. 이러한 입장은 1911년 소위 말하는 "105인 사건"으로 수감생활을 했던 윤치호가 친일협력론자의 위치에서 펼치던 논지였다.

윤치호는 몰락해가는 조선왕조를 보면서 1900년 초부터 조선의 최악의 적(敵)은 황제라고 규정하고, 황제의 전적인 퇴위만이 인민을 구하는 길이라고 주장했다. 그는 국왕의 퇴위와 왕조멸망마저도 내부적인 힘에 의하지 않고 외부적인 힘에 의하여 이루어질 것으로 전망했다. 그리고 서기 2,000년까지는 내부적이거나 외국의 힘의 지배 아래에서 혁신되다가, 서기 2,100년에 이르러 근대사회가 이루어지게 될 것으로 보았다. 즉 생활수준의 향상, 자연환경의 개선, 도로 및 학교 등의 근대시설과 국방력의 완비, 세금납부와 의회 민주주의가 이루어지리라고 보았다.[130]

이같은 비관적인 국가관에서 윤치호는 결국 조선이라는 나라가 외부세력에 의해 멸망하고 문명국의 지배 아래서 일정기간동안 개혁한 다음 근대국가로 발전할 수 있다는 결론에 이르렀다. 물론 그가 말하는 조선을 다스릴 문명국은 일본을 의미했다.[131] 이와 같은 생각은 그를 친일협력론자로 만들었고, 일제는 그로 하여금 친일행위에 앞장서게 했다. 그는 직접적인 항일운동이나 정치적인 개혁운동을 포기하고, 국민계몽을 통한 실력양성운동을 강조했다. 그의 논리는 대세순응주의, 점진적 개량주의, 온건한 타협주의를 바탕으로 "독립운동무용론"으로 발전했다. 나아가 설사 일본이 우리에게 독립을 되돌려준다 할지라도 조선은 독립능력이 부족하기 때문에 독립할 수 없다는 "독립능력결여론"을 전개했다.

윤치호는 1938년부터 일제의 대동아전쟁 수행능력을 고취시키기 위한 각종 행사에 앞장서 협력하는 친일협력자로 변해 갔다.[132] 윤치호의 이러한 명분은 그 당시 친일적인 입상에 섰던 대다수의 사람들에 의하여 수용되었으며, 기독교계의 지도자들 역시 이에 순응했다.

그러면 교회의 순응은 어떠한 모습으로 나타났는가? 장로회신학대학교의 김인수 교수는 「일제말기 기독교 탄압과 교회의 어용에 대한 소고 – 기독교신문의 내용을 중심으로」라는 논문에서, 일제의 탄압은 첫째는 교계언론의 통폐합이었다고 말했다. 각 교단의 신문사를 폐지하고 일제의 어용지라 할 수 있는 『기독교신문』을 창간하여 정인과 목사를 발행인으로 두었다. 둘째, 관제교회 병합과 통합이었다. 예를 들어 1943년 5월에 <조선예수교장로회>라는 명칭을 <일본기독교 조선장로교단>으로 바꾸고, 각 지역에 교구장을 두었다.[133] 이때부터 교단의 구별이 없어졌으며, 1945년 8월 1일에는 <일본 기독교 조선교단>이라는 단일 교단만 남겨놓았다.[134] 셋째, 예배와 성경의 제재로서 예배 이전에 신사참배, 국기에 대한 경례, 국가봉창, 궁성요배, 황국신민 서사제창, 황군장병영령 대위령, 출정장병 무운장구 묵도 등을 실시했다. 또한 성경에서 구약을 삭제하고 신약성서만 사용하다가, 후에는 4복음서를 주로 사용했고, 주기도문과 사도신조도 축소시켰다. 또한 기존의 찬송가를 폐지하고 일본교회 찬송가로 대체하였다. 넷째로 인적자원의 동원으로 징병제, 노력동원제 등을 실시하였으며 많은 기독교계 인사들이 이에 동원되어 친일적인 협력을 독려하였다. 다섯째는 물적 자원의 동원으로 교회가 비행기 제작을 위한 헌금을 모으고 또한 교회의 종과[135] 유기 그릇을 교회별로 헌납하였다. 또한 조선기독교도연맹 이라는 단체를 조직하여 교인들은 연맹의 회원이 되어 회비를 납부하기도 했다.

(2) 투옥 및 순교

일제의 강압에 이기지 못하고 친일협력자로 변절하여 신사에 참배함으로써 우상숭배죄를 범하는 대다수의 기성 기독교인들과는 달리, 끝까지 용기와 과단성을 유지하면서 투옥 및 순교의 영광을 차지한 사람들이 있었다. 1938년 7월 들어 신사참배 가결이 확실시 예상되는 시점에서 다양한 모습의 반대가 표면적으로 나타났다. 그 가운데에서 강경한 반대파는[136] 다음과 같이 결의하였다.

1. 신사참배 등 반계명 정책에 죽음으로써 반항할 것
2. 신사참배하는 교회에 출입하지 말고, 이를 취소하도록 할 것
3. 말세 절박한 이때에 신의 예정과 진리를 널리 전도하여 동지를 다수 확보할 것
4. 신사참배를 시인하는 노회에는 노회 부담금을 바치지 않게 하고, 노회를 파괴할 것
5. 신사참배를 긍정하는 목사에게 세례를 받지 말 것
6. 가정예배 및 가정 기도회 개최를 여행하여(장려하여), 일면 개인전도 등의 수단으로 신사불참배주의 신도를 동지로 획득할 것[137]

주기철은 이상과 같은 강경한 입장에 동조한 것은 아니었지만, 교회를 지키면서 끝까지 그리스도에 대한 정절을 가질 것을 강조했다. 주기철 목사의 태도는 「5종목의 나의 기도」라는 유언설교를 통하여 알 수 있다.[138]

첫 번째 기도는 "죽음의 권세를 이기게 하여 주옵소서" ……
두 번째 기도는 "지루한 고난을 이기게 하여 주옵소서" ……
세 번째 기도는 "노모와 처자를 주님께 부탁하나이다" ……
네 번째 기도는 "의에 살고 의에 죽게 하여 주소서" …… 이 몸이 어려서 예수 안에서 자랐고 예수께 헌신하기로 열 번, 백 번 맹세하였습니다. 이제 하나님의 계명이 깨어지고 예수의 이름이 땅에 떨어지게 되는 오늘 이 몸이 어찌 구구도생 피할 수 있으랴. …… 죽고 죽어 일 백 번 다시 죽어도 주님 향한 대의정절을 변치 아니 하리이다. …… 우리 초로 인생 살면 며칠입니까? 인생은 짧고 의는 영원합니다. ……
다섯째 기도는 "내 영혼을 주님께 부탁합니다"[139]

그의 신사참배 거부는 그리스도의 신부로서의 의의 정절이었다. 즉 신사참배는 이방신을 섬기는 변절이며, 호세아서에서 말하는 간음이었다.

이러한 상황에서 전라남도에 있던 두 노회인 전남노회(1938년 5월)와 순천노회(1938년 4월)는 각각 신사참배를 가결하였다. 물론 이는 일제가 1938년 2월에 세운 "기독교에 대한 지도대책"이라는 방침에 따른 것이었다. 이들은 사전에 양 노회에서 지도적인 인물을 골라서 회유한 다음, 노회에 참석하는 총대들을 해당 지역의 지서 경찰이 노회장까지 동행했다. 그리고 노회장소에는 일본 경찰과 총대 이외의 사람들은 입장할 수 없도록 통제한 다음 각본에 따라 가결시켰다.

그리고 광주 선교부와 순천 선교부 선교사들은 순천노회와 전남노회가 신사참배를 가결함에 따라 이 노회로부터 탈퇴했다. 크레인 선교사는 신사참배가 가결될 당시 평양 장대현교회에 총대로서 참석했는데, 그 이후 평양 시내의 종교적 분위기를 이렇게 전했다.

> 현 상황에서의 문제점은 협의를 통하지 않고 행동으로 옮긴 것과 오직 지속적인 구속 · 수감으로 인해 표면적으로 법에 따르는 것처럼 보였다는 사실이다. 물론 이것은 애국심의 표현이며 따라서 의무사항이라고 가식을 떠는 사람들도 있지만, …… 상당수는 곧바로 성경에 충실하려는 마음에서 끈질기게 이것이 죄라고 주장하며, 이들에게 승복하는 것은 메시지를 잃는 것이며 또한 영적인 능력을 잃는 것이라고 주장한다. 그리하여 어떤 장로는 "우리의 선지자(목사)가 거짓 선지자로 들어났습니다. 오! 주님 우리로 주님께 돌아갈 수 있도록 도와주시옵소서"라고 기도하였다. 이 장로가 뜻하는 메시지는 하나님에 의하여 권위의 자리에 앉은 사람들에게 충성을 권면하였을 뿐만 아니라 수감이나 심지어는 죽음을 각오하기까지 하나님의 명령에 절대적으로 충실할 것을 말하는 것이다.[140]

크레인의 증언에 따라서 평양과 전국 각지에서 많은 목회자들이 구속 · 수감이라는 외적인 강압에 의하여 신사참배에 동조했다는 사실을 알 수 있다. 그렇지만 모든 목회자들과 교인들이 이러한 외적인 강압에 다 복종하였을까? 그렇지 않았다. 광주의 페이슬리 목사가 말한 것처럼 "과감성과 용기"를 지닌 사람들이 있었다. 크레인은 평양 교회의 한 모습을 다음과 같이 말했다.

> 지역의 두 교회는 교인이 200명과 600명에 이르는데, 목사들이 감옥에 수감되자 신사참배에 참여하는 목사를 모시지 않기로 하였다. 한 교회는 신사에 참여하는 장로마저도 – 비록 그 장로가 차후에 신사참배를 "회개"하였을지라도 그 교회가 신사에 동조한다는 소리를 듣지 않으려고 예배를 인도하지 못하게 하였다. 소문에 의하면 이 목사들이 감옥에서 설교를 한다고 하며, 간수들마저 설교에 귀를 기울인다고 하며, 한 수감자는 "이 목사님의 복음과, 기쁨과 평화없이 감옥밖에 있느니 차라리 이 목사와 함께 감옥에 있는 것이 더 좋다" 라고 말한다.[141]

1938년 9월 이후 평양성의 목회자들이 수감됨에 따라 상당수의 교회들은 무 목회자 상황을 유지하면서 예배를 드리기도 하고, 일부 교회들은 아예 교회를 폐쇄시켰다. 이렇게까지 철저하게 신사참배를 반대할 수 있었던 것은 삼위(三位)로 계시는 하나님의 유일성, 하나님께 대한 충성, 그리고 자신의 양심과 예배의 자유를 지키기 위해서였다.

> 아직까지 영향력 있는 교계 지도자들 가운데 몇 사람은 하나님 그 분의 궁극적인 주권, 그리고 사람의 눈에 보이기에도 틀림없이 개인의 양심

과 예배의 자유의 문제가 내포되어 있는 성명서에 서명하기 보다는 관망하는 자세에 서 있다. 이 도시의 큰 교회에서는 목사들과 조사들이 양심을 저버리기 보다는 공적인 대외관계를 사임하였다. 방관에 만족하지 못하는 사람들은 용감하게도 직무를 지속하며, 교회의 직위를 맡은 사람들은 충성과 사랑, 믿음과 헌신을 보여주었으며, 또한 선교회에서 감당하여 왔던 재정적 책임까지도 떠맡음으로써 심각한 경제적 긴축 상태에서 증가되는 세금의 요구에도 불구하고 성실하게 책임을 떠맡았다.[142]

크레인 목사는 한국을 떠나면서 일본이 황제숭배를 요구함으로써 한국인들이 압박에 의해 순응하는 것처럼 보일지라도 그것은 진정한 의미의 순응이 아니기 때문에 언젠가는 믿음의 열매와 승리를 맛보는 날이 올 것이라는 확신을 가졌다.

일제는 1940년 9월 20일 경부터 순천과 여수 지역에서 신사참배를 반대한 기독교인들을 검속하기 시작했고, 순천노회에서도 19명이 검속되었다. 이 가운데 손양원은 1940년 9월 25일에 여수경찰서 유치장에 수감되었다. 이 때로부터 5개월 뒤 1941년 2월 25일 윌슨이 미국으로 떠날 때까지도 구금상태에 있었다. 1941년 9월 초에 귀국길에 오른 크레인 목사는 이러한 검속이 일제가 기독교인들과 선교사들과의 일체의 관계를 끊게 하려는 의도에서 이루어진 것이라고 언급했다.[143]

제2장 신사참배 강요와 첫 번째 수난

미국 남장로교 한국 선교회 소속 선교사들은 1940년부터 한국을 떠나기 시작했다. 1941년 윌슨과 크레인이 떠나고, 1942년 6월에 마지막까지 남아 있었던 타마자 목사 부부, 루트와 도슨까지 떠남으로써 일제는 선교사들의 재산을 흡수하였다. 애양원에도 공무원을 보내 자신들의 뜻대로 운영했다. 애양원도 일본의 신사참배가 강요되고, 각종 물자의 공출, 전승을 비는 기원, 군사행열 및 전시체제 훈련 등을 실시했다. 이 시기에는 애양원 환우들에 대한 "자급과 자치"라는 기존의 원칙이 무너지고 공무원들이 운영함으로써 영양실조로 많은 환우들이 세상을 떠나게 되었다. 애양원 환우들은 윌슨을 비롯한 선교사들이 다시 돌아와서 다시 천국을 이루어 주기를 바라는 간절한 마음으로 인내하면서 기다리고 하나님께 기도할 뿐이었다.

1. 선교사 철수 이후의 애양원의 모습

1938년 이후로 선교사들에 대한 출국을 강요하는 일제의 조치에 따라서 상당수의 선교사들이 떠나기 시작했다. 1940년 10월에 한국 내 선교사들은 미국 영사로부터 곧바로 떠날 것을 3차례에 걸쳐서 독촉받았고, 철수를 위한 선박을 보낼 때 떠나지 않으면 본인의 책임이라는 최후의 명령을 보냈다. 이 소식을 들은 선교사들은 미국 남장로교 선교본부에 연락을 취하여 한국을 떠나서 귀국해도 좋다는 허락을 받았다.[144]

미국 남장로교회 한국선교회 소속 선교사들 대다수가 떠나고 겨우 몇 명만 남았다. 애양원 교회는 손양원이 1940년 9월 25일 수감된 이래 엉거가 한 달여 목회하다가 떠남으로써 크레인이 담임목사직을 맡았다. 윌슨도 혼자 남아서 병원을 운영하다 1941년 2월 24일에 떠나서 이제는 5명의 선교사만 남았다. 남은 사람들은 탈마지 부부, 도슨(Mary L. Dodson) 양, 루트(Florence Root) 양, 그리고 크레인 부부였다.

윌슨 의사는 미국에 머물면서 손양원이 신앙의 절개를 위하여 수감된 소식을 간접적으로 듣고 1941년 7월 칭찬을 아끼지 않았다.

> 우리의 훌륭하고 키 작은 목회자 손(Son: 성씨가 Son 이다)은 이제 9개월째 감옥에 있으며 석방에 관한 소식이 없다. 그는 우상숭배를 거절함으로써 수감된 것이다. 크레인 목사가 목회자 직을 대신하고 있다.[145]

윌슨은 애양원을 떠나면서 어떠한 조치를 취하였을까? 병원은 자신이 키우고 아꼈던 최경동 의사가, 병원 살림은 총무 박명준, 구매 담당 차종석 등이 맡았으며, 교회는 크레인이 직접 맡았다. 그러다가 크레인도 1941년 9월에 떠나게 되자 애양원은 목회자가 없는 상황을 맞이했다. 그래서 광주에 남아있던 선교사들이 병원의 전 사무를 맡았다. 탈마지는 총무를 맡고, 도슨은 재무를 맡았다.[146] 이들은 광주와 애양원을 수시로 번갈아 오가면서 사무를 관장하였다.

한편 1941년 2월부터 1942년 6월까지 애양원과 병원의 형편은 어떠하였을까? 일본은 1941년 12월 8일 진주만을 습격했는데, 이 날을 기해 한국

내에 남아 있던 선교사들 가운데 유력한 사람들을 지역의 경찰서 등에 수감하였으며, 그 날 이후로 선교부에 남아 있던 선교사들은 바깥 출입이 불가능하였으며, 외국이나 국내로부터 일체의 편지도 접할 수 없었다. 이렇게 답답한 상황에 있을 때에 애양원의 살림에 대해서 조금이나마 알게 해 주던 사람은 광주에 있었던 탈마지 목사이다. 탈마지 목사는 1941년 12월 8일부터 1942년 4월 1일까지 광주 경찰서 유치장에서 수감생활을 하였는데, 이 기간에 순천 애양원의 최경동 의사, 박명준 그리고 차종석 등이 운영비를 수령하기 위하여 찾아오곤 하였다. 이미 밝힌 대로 해외의 보조금이 중단됨으로써 애양원의 운영비는 당시 정부로부터 오는 보조금 월 8,000엔이 전액이었다. 달마다 오는 보조금은 광주의 도슨에게 전달되었으며, 탈마지 목사는 이를 다시 애양원에 전달해 주었다.

윌슨은 박명준이 "자신의 오른팔이며, 영어를 쓰고 말하는데 아주 훌륭하며, 또한 좋은 경리이며 총무"라고 하면서 병원의 제반 업무를 그의 손에 맡기면 차질이 없을 것으로 굳게 믿었었다. 박명준은 1941년 5월 경에 미국의 윌슨에게 편지하였으며, 그 때 이후로는 해방 때까지 소식이 불통이었다. 그러나 박명준에 대하여 탈마지 목사는 상당히 다른 정보를 전해 주었다.

윌슨이 귀국하면서 신임하였던 한국인 세 사람은 탈마지 목사의 예리한 관찰과 조사에 의하면 다같이 만족스럽지 못한 사람으로 드러났다. 우선 일제의 간교한 계략에 의해 병원을 책임진 최경동 의사와 경리와 총무를 책임진 박명준 사이가 벌어졌다. 탈마지 목사는 최경동 의사는 애양원에 부임하기 이전 한 조그마한 도시의 공의로 재직하는 동안에 일제에 의하여 신사참배에 참여할 수밖에 없었는데, 이러한 상황을 거치며 그는 거짓말에 익숙해졌다고 말하며 '최 의사는 모든 일에 속임수를 부렸으며, 특히 그의 회계장부는 더욱 그러하다' 라고 지적했다. 최경동은 결과적으로 감옥에 수감되고 말았다.[147]

차종석은 구매담당으로서 전라남도의 보건위생과 직원과 함께 1942년 1월 경찰서로 탈마지 목사를 면회하러 와서 정부로부터 오는 마지막 보조금 9,500엔을 한꺼번에 다 달라고 요구했다. 탈마지 목사는 종전대로 1월분 8,000엔을 건네고 나머지 1,500엔은 2월분으로 남겨두었다. 그러나 이 금액은 일본인 형사가 예치시킨다고 하면서 자신의 서랍에 넣어두었다.

또한 2월에는 박명준이 탈마지 목사를 찾아왔다. 탈마지도 박명준에 대해서 익히 알고 있었다고 말하며, 그가 결국 일본의 선전에 팔려 두려움 때문에 일본인들의 손에서 놀아나는 도구가 되었고, 감옥에 가는 대신에 신사에 절하고 말았다고 기록하였다.

한편 1942년 3월 31일부터 애양원과 애양병원이 일본정부의 관할로 예속된다는 칙령이 발표되었다. 이러한 칙령이 발표되자 탈마지 목사는 1942년 4월 1일 출옥 허가를 받고 4월 9일 광주 양림동 자신의 집에 돌아왔고 6월에 출국하게 된다. 때문에 이 무렵 애양원 환우들에게는 순교에 대한 각오를 분명히 하고 있었던 손양원 전도사의 굳은 의지가 큰 위로가 되었다. 그의 순교에 대한 각오는 개인적으로 하나님께 대한 분명한 믿음과 충실성에서 비롯되었지만, 그가 존경했던 주기철 목사의 수감과 순천노회 목회자와 신앙인들이 신사참배 반대로 감옥에 수감되었된 사건은 그에게 커다란 자극이 되었다.

이러한 손양원의 순교각오를 오히려 환영하는 사람들이 많았다. 그들은 아내 정양순 사모, 애양원 환우들, 선교사들, 이미 수감 중이던 동료 목회자들이었다.

2. 감옥에서의 손양원 전도사

일제는 손양원 전도사를 처음부터 구금하려는 뜻은 없었던 것으로 보인다. 손양원이 애양원의 한센 환자들을 상대로 목회하면서 이들이 사회적으로 문제를 일으키지 않도록 막아주었기 때문이었다. 그러나 선교사들이 떠나기 시작하여 1940년 10월 미국 남장로교 선교회에서도 40여명의 선교사들이 한꺼번에 철수했다.

손양원은 1940년 9월 25일 밤 9시에 찾아 온 형사들에게 이끌려 여수 경찰서에 도착한 다음날 새벽 0시 45분경부터 피의자 심문을 받았다.[148] 1941년 7월 21일에 광주 구치소로 이감되어 비로소 재판을 받고 광주 지방법원에서 1년 6개월 형을 언도받았다. 그러나 손양원은 형을 마치고 출감하기에 앞서 신사참배를 끝까지 반대하여 종신형을 다시 선고받고 청주 교도소로 이감되어 복역하다가 해방을 맞았다. 1945년 8월 17일 드디어 가족과 재회할 수 있었다.

수감 기간 동안 손양원은 어떻게 지냈으며, 무엇을 하였으며, 어떠한 생각을 하였을까? 손양원은 수감 기간 동안 마치 로마의 박해를 피하여 숨어지내던 키프리안(Cyprian)이 편지로 교회와 교인을 돌보았듯이, 교인들과 가족들에게 편지를 통해 목회하였다. 물론 이 기간에 가족들은 뿔뿔이 흩어졌다. 이 부분을 손동희 권사는 이렇게 증언했다.

어머니와 큰 오빠와 막내는 남해 깊은 산골에서 기도하다 돌아왔고, 작은 오빠는 옥종면 북방리 산속 움막에서, 나와 동생은 부산 구포에 있는 애린원 고아원에서, 아버지는 감옥에서, 그런데 할아버지는 만주 하얼빈에서 그만 해방되기 4개월 전인 1945년 4월 13일 세상을 떠나셨다.[149]

우리는 손양원 목사가 수감 기간 동안에 보낸 다양한 편지와 경찰의 심문조서, 재판과정의 판결문 등을 통해 그의 신앙과 사상을 살펴 볼 수 있다.

(1) 삼위일체 하나님과 신사에 대한 견해

주기철 목사는 1940년 2월 첫 번째 주일날 세 번째 옥고를 치르고 풀려나서 비장한 각오로 마태복음 5장 11-12절과 로마서 8장 18, 31-39절을 봉독한 다음에 「나의 5종목」 라는 설교를 하였다.

…… 못합니다 못합니다 그리스도의 신부는 다른 신에게 정절을 깨뜨리지 못합니다. 그리스도의 신부는 신사(神社)에 절하지 못합니다. 이 몸이 어려서부터 예수 안에서 자라났고 예수께 헌신하기로 열 번, 백 번 맹세했습니다. 예수의 이름으로 밥얻어 먹고 영광을 받다가 하나님의 계명이 깨어지고 예수의 이름이 땅에 떨어지게 되는 오늘, 이 몸이 어찌 구구도생이 말이 됩니까? 아! 내 주 예수의 이름이 땅에 떨어지는구나. …… 드리리이다 드리리이다 이 목숨이나마 주님께 드리리다. …… 나의 사랑하는 교우 여러분! 의에 죽고 의에 살으십시다. …… 예수로 죽고 예수로 살으십시다.[150]

손양원 목사의 신앙생활에서 가장 두드러지게 나타났던 덕목은 주기철 목사와 다르지 않은 충직(忠直)과 일관성(一貫性)이었다. 삼위일체 하나님이 아니 다른 신에게 절하는 것은 신부가 남편을 둘 섬기는 것과 같은 간음 행위였다. 이것은 그리스도의 신부된 신앙인이 다른 남편, 즉 다른 신(우상)을 섬길 수 없다는 논리적 귀결로 연결되었다. 따라서 손양원 목사는 신사참배 강요에 대해 삼위일체 하나님과 하나님의 창조자 되심, 주재자 되심과 심판자 되심을 강조하며, 일제가 경배를 강요하는 천황은 신이 아니라 인간이라는 점을 주장하였다.

손양원 목사는 종교개혁 시대의 개혁자들이 국가의 통치자들에 대하여 "하나님으로부터 통치를 위임받은 대리인"으로 본 사상을 그대로 표현했다. 그는 통치를 위임받는 대리인은 하나님을 높이고 인의로써 백성을 잘 섬겨야 한다고 믿었다. 이 점에서 손양원 목사는 칼빈과 같이 통치자가 하나님의 뜻에 따라 통치하지 않는다면 백성들에 의해서 교체될 수 있다는 점을 염두에 두었다.

손양원은 일본 천황을 신의 현현으로 보는 "현인신(顯人神)"이 아니다는 점을 분명하게 밝혀 천황에게 예배하기 위하여 신사에 참배하는 것은 "우상숭배"라고 주장했다.

> 문: 그대는 일본국가에 대하여 불평불만한 점이 무엇인가?
> 답: 신사참배 강요입니다. 신사란 황실의 선조인 천조대신을 제사하는 곳인데 나는 일종의 우상이라고 생각합니다. …… 기독교에서는 신자가 자기들의 선조에게 제사하는 일도 불의로 알고 있습니다. …… 나

외에 다른 신을 두지 말라고 하였습니다. …… 이처럼 기독교도들이 불의로 생각하는 이신불사(二神不仕)의 계명을 범하도록 강요하는 정부 방침은 여호와 하나님의 뜻에 위반되는 최대의 것으로 하나님의 심판을 받을 때는 제일 중한 심판을 받을 것입니다.[151]

여기서 손양원은 일본 천황에 대한 숭배가 장차 하나님으로부터 가장 중한 심판을 받을 것이라고 소신을 밝힘으로써 신사참배에 대한 반대의사를 분명하게 하였다. 그리고 이러한 반대 의사를 자녀들과 교우들, 그리고 각 교회를 다니면서 부흥회를 인도하면서도 전달함으로써 일제로부터 "신사불참배 선동죄"를 범한 죄인으로 간주되었다.

손양원 목사는 아들 동인에게 보내는 편지에서 다음과 같이 당부하였다.

또는 동인이는 신사참배 하는 날은 꼭 학교에 보내지 말며 신당 앞에서도 절하게 말게 하며 나중에 학교에서 알게 되어 퇴학 시킨다거든 퇴학을 당해도 신당에는 절할 수 없으니 꼭 절하지 말라고 동인에게 부탁하소서. 제 둘째 계명이오니 반드시 못할 일이외다. 아버님께도 잘 이야기 해 드리십시오.[152]

손양원 목사는 일본 천황이 끝까지 "현인신"으로 자처한다면 "그 통치권을 천황에게 부여하신 이는 천지만물을 창조하신 여호와 하나님이시므로 그 여호와 하나님의 지도에 따라서 일본 국체 통치권을 천황의 손에서 빼앗아 다른 이에게 이전시킬 수 있으며"[153], 나아가서 "천황 통치제의 국체를 멸망시키지 않으면 않됩니다"[154] 라고 강력하게 말하였다. 일본은 1945년 8월 15일에 천황이 무릎 꿇고 항복함으로써 결국 손양원 목사의 예언은 성취되었다.

(2) 고난과 순교에 대한 견해

손양원에게서 고난과 순교는 무엇을 의미하는가? 그것은 하나님께 대한 충직과 일관성을 지키는데 수반되는 피할 수 없는 신앙의 훈련 덕목이었다. 그렇기 때문에 고난과 순교는 "피를 흘리는 일이 있을지라도", "죽을지언정" 인내라는 의지로써 이겨내야 했다. 그리고 그는 이를 자녀들에게도 지속적으로 강조하였다.

손양원이 수감되어 있는 동안 큰 아들 동인은 부산으로 옮겨서 박신출 집사가 경영하는 나무 통 공장에서 직공으로 일하면서 한 달 23원의 급여를 받아서 20원은 당시 광주에 있던 집으로 보내고 3원은 자신의 잡비로 사용했다. 손양원은 한참 발육기에 있는 아들이 발육장애를 일으키지는 않을까 걱정하면서도 오히려 고난을 경험하는 것을 감사하게 생각하였다.

손양원은 아내 정양순에게 보내는 편지에서 "솔로몬의 영화보다는 욥의 고난"을 더욱 높이 평가했다. 왜냐하면 솔로몬의 영화는 그를 타락으로 이끄는 중개자 역할을 하였지만 욥의 고난과 인내는 최후의 영화를 가져다 주었기 때문이다.[155]

결국 고난은 손양원 목사에게는 하나님을 깊이 만나고 사귀는 통로였고, 하나님의 진리를 깨닫게 하는 수단이었다. 따라서 고난은 피할 것이 아니라 오히려 초청해야 할 덕목이었다. 고난(苦難)과 고통(苦痛)과 고독(孤獨)은 손양원 목사를 내적으로 성숙시키는 좋은 스승이었다. 손양원 목사는 청주 구금소에서 이렇게 노래했다.

빈 방 홀로 지키니 고적감이 밀려오누나(獨守空房孤寂感)
성삼위 함께 하여 네 식구 되었도다(三位同居四食口)
온갖 고난이여 올테면 다 오너라(多種苦難來)
괴로움 중에 진리를 모두 체험하리라(苦中眞理體得)

이 인용문은 손양원이 「나의 25주년 신앙생활의 계단」이라는 소제목으로 자신이 30세 이후로는 예수 그리스도의 영적 생명을 받아 내 안에서 그리스도가 움직이게 하시는 대로 영적 인간 기독자의 생활을 하는 자가 되기를 간절히 추구하였다는 염원을 반영한다. 즉 손양원은 예수 그리스도와 영적인 교제를 나눔으로 예수 그리스도께서 자신을 온전히 지배하는 삶을 추구하였음을 알게 했다. 특히 성삼위 하나님과 더불어 "네 식구"로 살아간다는 것은 영성적 기독교인들이 추구하는 삼위일체 하나님의 내재하심을 추구하는 강력한 기도였다. 그렇다고 해서 손양원이 신비주의적인 합일(unio mystica)를 추구하였다고는 말할 수 없다. 오히려 삼위일체 하나님의 온전한 지배를 받는 삶을 추구했다고 말하는 것이 나을 것이다.

(3) 신앙과 지식의 상관관계에 대한 견해

기독교에서 신앙과 지식의 관계는 상반관계와 상관관계로 나타났다. 터툴리안(Turtulian)은 "예루살렘과 아테네가 무슨 상관이 있는가?" 라고 말하면서 기독교는 "모순되기 때문에 믿는다" 고 했다. 반면 어거스틴은 "나는 알기 위하여 믿고 또한 믿기 위하여 안다" 라고 함으로써 신앙과 지식의 상관관계를 강조했다.

손양원 목사는 신앙에서 지식을 배제시킨 맹목적 신앙을 말하지 않고 오히려 신앙은 지식으로 인하여 더욱 공고히 된다는 점을 강조했다. 손양원은 아들 동신을 교육시키면서 다음과 같이 말했다.

> 끝으로 부탁할 것은 믿음(信)과 지식(知)을 함께 구비해야 되나니 진리에 이르는 길이 두 방면에 있으니 1)신(信)의 실천에서 지(知)에 이르는 길, 2)지(知)로써 신(信)히게 되는 길이다. …… 상대적 병행이 아니라 상조적 동지가 되나니 엄밀한 의미에서 "무신(無信)의 지(知)", "무지(無知)의 신(信)은 있을 수 없느니라.[156]

이 같은 지적은 신앙과 지식의 상관관계를 아들에게 잘 설명해 주는 교훈이다. 그러나 설교에서는 보다 쉬운 표현을 사용했다. 다시 말해 신앙에서의 지식이란 "보물과 보물을 집어내는 기계"라는 비유를 들어서 설명하면서 지식은 신앙의 보조수단이라는 점을 강조했다. 이러한 의미에서 신앙은 절대적 가치이지만 지식은 상대적 가치라는 점을 밝혀주었다.

(4) 재물에 대한 견해

손양원은 여수 경찰서에서 심문을 받으면서 자신의 급여에 대하여 1939년에 부임할 당시 65원을 받았으며, 1940년부터는 70원을 받는다고 기술했다.[157] 손양원 목사가 받은 급여 65-70원은 1943년 가격으로 계산할 때 쌀 3가마의 가격에 해당되었다. 그리고 아들 동인이 부산의 통공장에서 받은 23원 역시 일반 성인 노동자의 절반에 그치는 적은 액수였다. 따라서 아내와 다섯 자녀의 학비 및 생활비를 감안한다면 항상 빠듯한 살림이었다. 손양원은 감옥에 수감된 이후, 옥종면 성도들이 거둔 추수가 형편없다는 사실을 알고서도 오히려 마음을 태평하게 가졌다고 한다.

1930년대부터 한국은 경제적 상황의 악화로 많은 사람들이 논밭을 헐값으로 팔기 시작했고, 부유한 사람들은 부동산을 구입하기 적절한 시기였다. 손양원 목사는 교역자가 논을 사는 것을 보면서 매우 염려하는 마음으로 자신은 교역자로서 논밭을 사는데 얽매이지 않겠다는 결심을 했다.

> 교역자란 주님의 사도요, 주의 종이 되는 자요, 옛날 선지자처럼 있는 것도 버리고 나오는 것이 교역자인데 도리어 모으려고 애쓰며 저금이나 논밭을 사게 됨은 참으로 위험한 일이 아닐까요? 나는 내년에 졸업하여도 절대로 저금이나 논과 밭을 살 계획은 안하겠습니다. 부모와 형제 돕기와 구제하기에도 부족하지 않을까요?[158]

재물에 대한 이런 생각은 결국 돈에 대해서도 크게 다르지 않았다. 손양원 목사는 돈과 사람의 마음을 서로 구별하기 어렵기 때문에 기독교인은 돈과 마음이 상호 무관하게 살아야 하며, 돈은 다만 '좋은 사환'에 불과하다는 것을 잊지 말라고 당부했다.

손양원의 생활태도는 1935년에 오방(五放)을 부르짖었던 최흥종 목사의 견해와 일맥상통하다. 최흥종은 신사참배에 참여하는 한국인 목회자들과 교역자들을 보면서 한국교회가 죽었다는 마음을 행위 예언으로써 표현했다. 즉 정관절제 수술을 받고서 "사망통지서"를 발송했던 것이다. 이와 같이 당시 교역자들은, 특히 하나님과의 관계에서 영적인 관계를 맺으면서 내면적 성찰을 게을리 하지 않았던 사람들은 가정사에 크게 매이지 않았을 뿐만 아니라 경제적인 면에 대해서도 무관심 했음을 보여준다.

(5) 종말에 대한 기대

1919년 3 · 1만세운동 이후 한국사회는 독립에 대한 염원을 포기하고 기독교인 선각자들을 중심으로 한국의 농촌사회를 부흥시켜 먼저 실력을 양성한 다음 독립을 얻자는 "선 실력양성, 후 독립"이라는 구도로 잡아갔다.

그러나 다른 한편 제1차 세계대전 이후 서구 유럽에서 불기 시작한 허무주의와 파괴주의가 공산주의와 함께 수입되어 현실에 대한 매우 부정적인 시각에서 자신의 꿈을 버리고 극히 감각적인 삶을 살아가는 사람들이 있었다. 이 즈음에 일제는 한국 사회에 소위 말하는 3S, 공창제도(sex), 영화(screen), 스포츠(sports)를 들여와 한국의 젊은이들의 혼을 빼앗아 갔다. 이 시대의 허무주의적인 문학을 대표하는 것은 이상의 『날개』, 염상섭의 『발가락이 닮았다』 등이 있는데, 이들은 심미주의를 추구한 나머지 전통적인 부부관계와 가정의 파괴를 미화하기도 했다. 또한 현실을 버리고 자연에 파묻히면서 자기수양, 내세의 안녕 등을 추구하기도 했다.

이러한 시대상을 반영하듯 기독교에서도 1929년도부터 이용도를 위시하여 소수 극단적인 사람들이 과도한 은사를 강조함으로써 내세를 강조하고, 재림의 실현 등을 주장하고 있었다.

따라서 한국교회에는 정상적인 종말론에 기초하여 현실에서의 충실한 삶을 주장하는 설교가 필요하였다. 즉, 하나님의 주권과 현실적인 통치를 강조하면서도 내세적인 책임과 희망을 동시에 강조하는 설교가 필요했다. 손양원이 바로 이 부분을 감당했다.

손양원 목사는 신사참배를 반대하고 심문을 받을 때에도 일본 천황에 대해 "그는 인간이다. 신이 아니다. 하나님의 심판을 받을 것이다" 라고 당당하게 말하면서도 시민으로서 국가의 각종 법규를 지키는 등 성실한 시민으로 살았다.

주님의 재림에 대한 기대와 현실에서 충실한 삶을 살아가려는 이중적 완성은 손양원으로 하여금 5년 여의 수감생활을 이기게 하는 원동력이 되었다. 따라서 수감생활 동안에도 평상시 부흥회에서나 설교에서 자주 애창하였던 "주님 고대가"를 부르곤 했다.

낮에나 밤에나 눈물 머금고 내 주님 오시기만 고대합니다
가실 때 다시 오마 하신 예수님 오 주여 언제나 오시렵니까?

고적하고 쓸쓸한 빈 들판에서 희미한 등불만 밝히어 놓고
오실 줄만 고대하고 기다리오니 오 주여 언제나 오시렵니까?

먼 하늘 이상한 구름만 떠도 행여나 내 주님 오시는 가 해
머리 들고 멀리 멀리 바라보는 맘 오 주여 언제나 오시렵니까?

내 주님 자비한 손을 붙잡고 면류관 벗어 들고 찬송 부르면
주님 계신 그 곳에 가고 싶어요 오 주여 언제나 오시렵니까?

물론 이 가사는 손양원이 지은 것이 아니라는 사실은 익히 알려져 있다. 그러나 이 가사의 내용이 버림받고 핍박받은 많은 사람들에게 가장 큰 위로가 된다는 점이 중요하다. 그리하여 애양원의 환우들도 즐겨 불렀다.

손양원의 재림 사상은 당시 선교사들이 일반적으로 가지고 있던 전천년설 종말론(pre-millenarianism)이었다. 하나님을 거역하는 모든 세력은 주님의 재림과 함께 무너지고 기독교인들이 다스리는 새로운 세계가 이루어진다는 믿음이었다. 이 사상은 심문받을 때에도 결코 수그러들지 않았다.

예수 그리스도는 만왕의 왕권을 가지고 재림하여 일본을 포함한 현대 국가를 멸망시키시고 만왕이 되어 세계를 통치한다. …… 그리스도는 만왕의 왕으로 세계 각 국가를 통일하고 신자 중 독신자는 분봉왕 지위에 취임하고 신앙이 박약한 자 또는 불신자는 백성이 되거나 또는 구금당할 것이다. …… 그 때에 지상에서는 모든 재앙 즉 전쟁, 질병, 흉년, 기갈 등은 없어지고 신자인 나병자의 병도 완쾌되어 영원한 평화 행복한 지상 왕국 내지 신천신지 하나님의 나라가 건설될 것이니 우리 신도는 마음을 합해서 주의 재림이 속히 오기를 기다리자.[159]

손양원 목사가 맞이한 현실은 일반인들의 눈에는 극히 비관적이었다. 국가적으로 일본의 식민지 통치아래 있었고, 한센병이라는 치료가 힘든 질병

에 시달리는 환우들을 돌보는 것이 자신의 목회였다. 이러한 현실을 이겨내는 에너지를 어디에서 찾을 수 있는가? 윤치호를 비롯한 기독교 지성인들이 부르짖는 "독립불능론", "조선인 통치불능론" 등에 휘말려 일본의 식민통치를 정당화할 것인가? "내선일체"라는 명분을 내세워 신사참배와 창씨개명을 통한 천황의 "적자권 확보"라는 망상을 정당화할 것인가? 아니면 일부 애양원 신자들이 시도한 것처럼 윌슨 원장이 일본 천황으로부터 받은 훈장을 불태우기 위해 예배당에 방화하고, 이러한 행위가 하나님과 나라를 위하는 것으로 착각할 것인가?

손양원은 현실 순응론은 피하고 여기에 하나님의 나라의 임재와 통치를 대체시켰다. 이를 통해 현실에서의 수동적인 순응론과 능동적인 무력대결은 피하면서 오히려 기독교 신자로서 주님의 재림을 부끄럽지 않게 맞이하도록 신앙의 절개를 지켜 소시민으로서 평범한 삶에 충실할 것을 부르짖었던 것이다.

이렇게 하여 손양원은 당시 한국교계에 풍미하던 극단적인 은사론과 종말론을 대체할 종말론을 제시했다. 손양원이 제시한 종말론은 새로운 이론이 아니라 극히 성서적인 내용을 그대로 강조한 것이다. 그의 종말사상은 "성서대로 살자"라는 평소의 신조를 그대로 반영한 것이다.

제3장 해방과 애양원의 재건

1945년 8월15일 일본 천황의 무조건적인 항복으로 태평양전쟁은 종식되고 한국은 독립을 쟁취했다. 그 동안 해외에서 독립운동에 참여한 인사들이 하나둘씩 귀국하여 나름대로의 자리를 확보하려고 노력하는 사이, 좌 · 우 대결 양상이 서서히 나타나기 시작하였다. 그리고 유엔의 결의에 따라 신탁통치가 이루어지고, 남한은 미군이 진주하여 일본군을 무장 해제시키고 일본의 식민통치를 종식시켰다.

갑작스러운 해방과 함께 몰려든 미군들의 생활태도는 젊은이들을 퇴폐풍조에 물들게 하기도 했으나, 가난과 질병으로 찌든 한국인들은 미국으로부터 오는 구원의 손길을 환영했다. 이러한 사이 결핵과 한센병은 여전히 극성을 부리면서 한국인들의 건강을 해쳤다. 거리에 방황하는 부랑자들과 집 없는 아이들을 돌볼 시설이 턱없이 부족하여 기독교인들의 손길을 기다렸다.

이러한 정치적 · 사회적 혼돈의 시기에 전라도 지역의 한센병 환우들의 아픔을 해결하기 위해 최흥종은 동분서주하였다. 또한 미 군정청 장관인 하지(Hodge) 장군의 추천으로 아들과 함께 되돌아온 윌슨은 한센 환우들의 격리수용과 복지 그리고 치료에 주력하게 된다.

무엇보다도 1945년 8월 17일 손양원이 출감하여 되돌아오자 애양원은 안정을 되찾기 시작했고, 애양원과 애양병원의 직원들도 새로운 사람들로 대체되었다. 하지만 여수와 순천을 비롯한 전라남도의 서남해안 지역은 극

심한 가난으로 인해 일제 말엽부터 사회의 저변에 흐르고 있던 사회주의적 사상이 서서히 고개를 들기 시작해 정치적 불안와 좌 · 우 대결 양상은 더욱 불안을 가중시켰다. 정부에서는 좌익사상에 물든 사람들의 자발적인 전향을 위하여 1949년에 <보도연맹>이라는 단체를 조직했다. 그러나 각 지역에서 좌 · 우 대결 양상은 더욱 커졌고, 손양원 목사의 두 자녀도 이 과정 중에 희생되었다.

1. 해방 전후의 사회상황

일제의 패배가 짙어져 가던 무렵, 해방 한국의 통치를 준비하는 운동이 지하에서 진행되고 있었다. 이들은 새로운 국가와 사회를 건설하는데 필요한 중앙조직과 지방조직을 형성해 나갔다. 이 운동이 여운형과 안재홍 등이 주도한 〈건국준비위원회〉였다.[160] 건국준비위원회는 다음과 같은 강령을 발표하였다.

1. 우리는 완전한 독립국가의 건설을 기함
2. 우리는 전 민족의 정치적 사회적 기본욕구를 실현할 수 있는 민주정권의 수립을 기함
3. 우리는 일시적 과도기에 있어서 국내질서를 자주적으로 유지하며 대중생활의 확보를 기함[161]

건국준비위원회는 국민적 호응을 받으면서 전국적 조직으로 확대되어

나갔다. 전라남도 조직에는 최흥종 목사가 위원장을 맡아서 참여하였다. 전라남도 건준 사업은 곧바로 실시되었다. 하지만 최흥종 목사는 전라남도의 건준 조직이 형성될 때까지 한시적으로만 참여했고 조직이 완비되자 17일 동안의 위원장 직을 박준규에게 넘겨주고 뒤로 물러났다. 최흥종 목사가 물러난 건국준비위원회는 9월 3일 도민대회 이후 좌우 연합적인 성격은 현저히 약화되고 좌파세력이 강한 〈인민위원회〉로 개편되기 시작했다.[162]

한편 1945년 9월 8일, 38선 이남에 미군이 주둔하기 시작한 이래 전남에는 9월 23일 길버트(Gilbert) 소령이 미군 제40사단 20여명의 전술군 부대를 이끌고 광주에 도착하면서 미군정을 시작했다. 길버트 소령은 양림동 선교사 사택을 숙소 및 사령부로 그리고 사병들의 막사는 수피아 여학교 건물을 사용하였다. 10월 7일부터 일본인 관리들과 미군 전술요원들 사이에 업무 인수인계가 시작되었으며, 10월 25일 초대 군정지사로 부임한 제20연대 연대장 피그 대령은 일본인 지사 야키(八木)와 경찰서장 카사키를 파면하고, 10월 27일 오전 10시를 기해 제주도를 포함한 도내 일원의 군정실시를 선포했다. 더불어 한국인 초대지사로 최영욱 의사를 임명하였다.[163] 미군정지사는 곧바로 본격적인 업무를 수행하였다.

첫째는 전남지방의 치안유지와 인민위원회를 무력화시키는 작업이다.
둘째는 군정지사의 고문회를 설치하여 한국인의 요구와 불만을 수용한다.
셋째는 모든 정당의 등록으로 정치세력의 동향을 파악한다.[164]

그래서 두 번째 과업을 달성하기 위해 곧바로 고문회를 설치하고, 최영욱 지사는 자신과 아내 김필례 선생, 그리고 형 최흥종 목사, 서민호, 최성준 등을 고문회 위원으로 위촉했다. 이때 고문회 회장은 최흥종 목사가 맡았다.[165]

미군정 시대의 전라남도는 위에서 언급한 첫 번째 과업을 달성하는 것이 실은 큰 문제였다. 내부적으로 건국준비위원회는 좌 · 우 세력이 총망라된 통합조직이었으나, 〈인민위원회〉로 재편되면서부터 좌파세력이 주도권을 갖기 시작했다. 전남지방에서는 조선공산당, 조선인민당, 남조선신민당의 지방 당 조직과 각 지역의 노동자, 농민조합과 긴밀한 연결을 갖기 시작하였다.[166] 이 부분을 당시 인민위원회 서기를 맡았던 이익우는 이렇게 증언했다.

> 어느 지역이나 마찬가지였지만 특히 전남에서는 인민위원회와 조선공산당을 분리시켜 생각한다는 것은 불가능합니다. 그만큼 서로 밀접한 연관을 가지고 있었을 뿐만 아니라 실제로 인민위원회의 주요부서 대부분을 당원 혹은 진보적인 민족주의자들이 장악하고 있었습니다.[167]

그렇다면 전라남도와 제주도 지역에 산재했던 공산주의의 기원과 공산주의자들의 성격은 어떠했는가? 1930년대에 접어들면서 더욱 강력해진 일제의 수탈과 가난, 질병과 무지, 소외 등은 자생적인 공산주의의 원천이 되었다. 여기에 당시 유행이던 볼세비키주의가 유학생과 재외 노동자와 운동가를 통하여 국내로 소개되어 독립에 유용한 새 대안으로 인식되면서 급속히 파급되었던 것이다.

기본적으로 선교사들의 공산주의에 대한 인식은 해방 전과 후에 큰 차이가 없이 모두 부정적이었고, 이는 한국내의 공산세력을 적으로 간주하였던 미 군정청 관계자들의 시각과 부합되었다. 따라서 미 군정청은 선교사들의 자문을 얻어서 믿을 만한 한국인을 정부 각 부처와 기업체에 선임하여 맡겨[168] "혼돈(Chaotic)" 혹은 "무로부터(from Nothing)" 라고 표현할 수 있는 혼돈된 상태를 호전시키려 하였다.

이때 선교사들의 추천으로 정부에서 요직을 맡았던 인물이 남궁혁 목사이다. 남궁혁 목사는 만주 및 상해에서 지내다가 해방과 함께 귀국하여 미 군정청의 요청을 받아들여 적산관리처장, 재무부 세관국장 등을 역임하였다.[169] 또 다른 사람은 김형남 장로였다. 그렇지만 이들에게 큰 배려를 한 것은 진적으로 공산주의를 몰아내기 위해서었나. 이러한 미 군정청의 업무개시는 곧바로 한국 땅에서 공산주의를 뿌리 뽑겠다는 정책이 시작된 것을 의미했다.

2. 윌슨의 재입국과 한센병 근절 노력

최흥종 목사가 한센 환우들을 위하여 노력하던 사이 미 군정 당국은 비참한 소록도의 상황을 접하였다. 해방과 함께 일본인 원장이 물러나자 원장직을 차지하기 위한 직원들 사이의 분쟁이 발생했으며, 환우들 사이에서는 자치권을 확보하려는 운동이 일어났다. 이러한 대치 상태에서 1945년 8월 22일 일제에 협력하였던 "치안유지대" 소속 사람들이 자치권을 주장하던 환우들을 유인해 창으로 찌르고 총으로 학살하여 구덩이에 몰아넣고, 전쟁용으로 채취한 소나무 기름을 끼얹어 그들을 화장시켜 수십 명이 희생되기

도 했다.[170]

이런 상황에서 미 군정청 당국자들은 한센 환우들의 집단 치료에 가장 효과적인 사람을 찾기 시작했고, 한국으로 다시 돌아올 수 있기를 기대하던 윌슨과 미 군정청의 정책이 만나 윌슨은 1946년 1월 미 군정청 "한센병 근절을 위한 자문관" 자격으로 한국으로 돌아오게 된다.

한국에 다시 가기를 손꼽아 기다리면서 장차 한국에 가게 되면 〈선교병원 센터〉를 건립할 꿈까지 가졌던 윌슨을 한국으로 이끌게 한 것은 애양원을 떠나던 날 환우들이 바닷가 모래사장에 주저앉아 얼굴에는 눈물이 흐르고 뭉둥그려진 손을 높이 흔들면서 "원장님 나 죽기 전에 빨리 오세요"라고 울부짖던 모습 때문이었다.[171]

윌슨은 1946년 1월 23일 서울을 떠나 광주에 들러서 최영욱 도지사를 만나 전라도의 상황을 살펴본 다음 여수와 소록도를 거쳐 1월 30일경에 순천에 도착했다. 미 군정청은 한국에 만연되어 있는 한센 환우들의 질병치료를 그에게 전담시켰다. 한국에 도착한 윌슨은 문제점들을 쉽게 파악했다. 대체로 피난민들은 빈 집이나 공공건물에 무단으로 거주하고 있었다. 예를 들어 미국 남장로교회 소속 다섯 곳의 선교회 건물 역시 무단으로 점거되었고, 순천 안력산 병원 건물 같은 경우는 아예 사용이 불가능한 상태였다. 이렇게 생활하다 보니 자연히 비위생적일 수밖에 없었고, 이로 인해 각종 질병이 만연되어갔다. 특히 폐결핵과 한센병이 다시 창궐하였던 것이다.[172] 1946년 1월 윌슨이 목격한 애양원과 소록도의 모습은 굶주림과 병세의 악화 등으로 말할 수 없이 처참했다.[173]

이에 따라 윌슨은 애양원과 소록도를 다니면서 환자치료에 전념하는 한편 남장로교 선교구역인 목포와 광주 그리고 전남 일대를 다니면서 "천연두 예방접종"을 실시하였다. 더불어 일제 시기 동안에 그랬듯이 한국인 환우들 가운데에서 능력있는 자들을 선발하여 의학기술을 가르치는 일을 다시 시작했다.

이러한 일을 수행하는데 있어 미 군정청 이하 전남 각 지역의 군정 사령관들의 협조는 그에게 많은 도움이 되었다. 예를 들어 미 군정청 전남 지사 프라이스(Price) 대령은 윌슨에게 나환자 사업을 맡기면서 우선적으로 군용트럭을 내 주면서 연료주입 등의 편이를 제공했고, 여수 애양원과 소록도, 농장의 운영비까지 지급해 주는 등 미군정은 나환자 근절 사업을 진행하는데 적극 협력했으며, 윌슨 역시 그늘의 협력이 얼마나 컸는가를 인정했다. 나아가 윌슨은 미군들과 일하는 것이 과거 혼자서 애양원 살림을 꾸려나갈 때보다도 훨씬 더 좋았다고 말한다.[174]

윌슨이 이렇게 미군들의 협력을 받아 한센 환자 근절 대책을 추진하고 있었지만, 윌슨은 한국인 직원들의 숫자가 너무나 많아서 환자들에게 돌아가야 할 예산이 직원들의 급여에 충당되는 것을 문제로 보았다. 그리하여 윌슨은 소록도의 직원 235명과 여수 애양원 직원 60명, 그리고 이들의 가족까지 합해 거의 1,000명에 이르는 사람들을 절반 수준으로 감축시킴으로써 환우들에게 돌아갈 지원 액수를 증대시키고자 하였다. 뿐만 아니라, 환우들이 정부측 지원금으로 살아갈 것이 아니라 이전에 애양원에서 했던 것처럼 "자립"할 수 있도록 유도했다.

이러한 일을 수행하는데 있어 의사였던 그의 큰 아들 윌슨(John S. Wilson)의 입국은 윌슨에게 큰 도움이 되었다. 당시 미 해군 군의관이었던 아들 윌슨의 내한은 아버지와 더불어 소록도와 애양원의 환자 가운데 능력 있는 사람을 골라서 "의과 수업"을 진행하는데 있어 많은 도움이 되었다. 아들 윌슨은 현재 미국 북 캐롤라이나(North Carolina) 주 몬트리트(Montreat) 시에 은퇴하여 살면서 유진벨 재단(Eugene Bell Centennial Foundatation)의 북한돕기 사역에 적극적으로 참여하고 있다. 2003년 2월 필자를 만나서 당시를 이렇게 기억하였다.

> 이 당시 나환자는 소록도에 8,000명, 애양원과 부산에 각각 1,000명씩 있었다. 이렇게 많은 환자를 치료할 수 없어서, 소록도 8개 마을에서 똑똑한 청년 2명씩 골라서 의학수업을 진행했다. 이들이 나중에 의사가 되어서 병원에서 조수로 일하였으며, 그 가운데 하나가 1967-69년 방문하였을 때에 애양원의 의사로 있었다.[175] (정지은 장로)

윌슨 가족은 1946년부터 1948년까지 순천에 거주하면서 애양원과 소록도의 한센 환자들을 돌보다가 1948년 6월 1일 대한민국 제1공화국 수립을 앞두고 은퇴하여 본국으로 귀국하였다.

아버지 윌슨은 은퇴 후 버지니아 주 리치몬드(Richmond, Virginia)에 거주하면서 긴터 파크 장로교회(Ginter Park Presbyterian Church) 장로로 재직하였으며, 1948년부터 1950년까지 2년 동안 헨리스 구(Henrice county)의 보건 담당관으로 일했다. 윌슨의 부인은 1962년 3월 13일에 사망했으며, 윌슨은 아내가 사망한 후 1년이 되던 1963년 3월 14일, 오전에 손자들의 장난감을 수선하는 등 바쁘게 지내다가 오후 1시에 아들의 사무실에 들어서는 순간 뇌졸중으로 쓰러진 후 6일째 되던 3월 20일 하나님의 품으로 갔다. 그가 평생 그토록 사랑하였던 한국의 많은 한센 환우들을 만나게 된 것이다.

제4장 여순사건과 두 번째 수난

일제 말 신사참배 반대로 구속 수감되었던 손양원 목사가 광주로 이감된 후, 애양원에 부임한 새로운 원장 일본인 안등(安藤)은 이전 목사의 사택을 비우도록 했다. 그래서 정양순 사모와 일가는 애양원 교회에서 비밀리에 마련해 준 700원을 가지고 1941년 봄에 광주로 옮겨왔다. 그렇지만 광주에서의 생활도 곧 끝나고 박신출 집사가 마련해 준 부산 범어골 산동네 판자촌에서 지내다가, 일제의 징집을 염두에 두고 온 식구가 뿔뿔이 헤어졌다. 할아버지는 만주 하얼빈으로, 나머지 가족들은 옥종면 북방리 움막과 남해 깊은 산속, 그리고 고아원 〈애린원〉 등으로 흩어졌다. 따라서 이들은 정규적인 학교교육을 받을 수 없었다.

해방 이후 손양원 목사는 애양원에 다시 부임하여 자녀들의 교육을 위하여 다방면으로 알아보았으나 입학이 어려웠다. 이 때 나덕환 목사의 배려로 동인은 순천 사범학교에, 동신은 순천 중학교 2학년으로, 동희는 초등학교 4학년으로, 동장은 초등학교 2학년으로 입학할 수 있었다.[176]

자녀들의 교육문제가 해결됨으로써 손양원 목사는 마음 편하게 목회에 전념하게 되었다. 큰 아들과 둘째 아들은 순천제일교회에서 학생회, 성가대, 주일학교 등에서 열심히 봉사하고 더 나아가 순천 시내 여려 교회와 연합하여 기독학생 연합 운동(KSCF)도 활발히 전개했다.

이렇게 가족의 문제가 해결되자, 손양원은 경남노회로부터 목사임직을 받게 되었다. 그는 1946년 2월 마산 문창교회에서 회집한 경남노회에서 목사임직을 받았다. 이로 인해 애양원교회도 크게 고무되었고, 손양원 목사는 전국 각지로부터 밀려드는 부흥회 요청에 응하여 주중에는 교회를 비우곤 하였다.

1. 여순사건의 발생

손양원 목사가 애양원교회에 다시 부임하고 목사임직을 받자, 손양원의 가정과 애양원교회는 안정을 되찾아 갔다. 애양병원에는 윌슨이 아들과 함께 부임하여 열심히 활동함으로써 안정을 되찾았다. 그러나 한국의 정치는 안정을 잃어 갔다.

미 군정의 시작과 함께 신탁통치 찬성파와 반대파가 크게 충돌하면서 미국을 중심으로 한 민주주의 세력과 러시아를 중심으로 한 공산주의 세력이 충돌하기 시작했다. 미 군정 당국은 공산주의 사상에 뿌리를 둔 사람들이 민족주의를 표방하며 사회전복 세력으로 등장한 것을 장래적인 불안요인으로 여겼다. 때문에 과거 일제시대를 청산하려는 사람들에 대하여 호의를 갖지 않았다. 이런 상황에서 1948년 3 · 1절 기념행사를 마친 후, 시가행진에 참여한 사람들의 소요에 대비하여 이들을 무력으로 해산시키는 과정에서 몇 사람들이 폭행을 당했다. 이에 격분한 제주 시민들의 참아왔던 반감은 고조에 달했고, 이는 결국 4 · 3 사건으로 비화되었다.

이때부터 미군정은 제주도 공산주의자들에 대한 소탕작전을 전개했다. 이 과정에서 많은 사람들이 죽고 죽이는 민족 상잔의 아픔이 일어났으며, 상당수의 사람들은 산악지역으로 피신하였다. 이에 미군 당국은 이들이 야음(夜陰)을 이용해 게릴라 작전을 수행한다고 판단하여 대대적인 토벌작전을 추진하기도 했다. 이 시기 1948년 8월 15일 대한민국이 수립되었지만 제주도 산악지방에 은둔하였던 일부 세력들이 러시아 10월 혁명을 기념하는 소요를 다시 일으키자 정부는 여수에 주둔하던 14연대를 제주도로 파견하여 제주도 토벌작전을 수행하였다. 하지만 14연대 소속의 1개 대대 내에 40여 명의 공산 사상에 동조하는 군인들이 10월 20일 아침 여수 경찰서를 습격한 후 많은 시민들을 죽이고, 이어 순천까지 진격하여 순천경찰서를 장악했으며 광주에서 내려 온 다른 1개 중대와 규합하여 남원과 광주까지 진격할 태세를 갖추었다. 상황이 이렇게 진전되자 정부에서는 광주에 전투사령부를 설치하고 22일에 순천시의 소요사태를 진압하였다.

여순 사태의 진압은 결국 동족상잔의 서막이었다. 민족의 해방을 맞이했지만, 한국은 두 쪽으로 나뉘어져 북쪽에는 러시아를 주축으로 한 공산주의 세력이 사회를 장악하고, 남쪽에는 미국을 주축으로 한 민주세력이 사회를 장악하여 세력 확대를 위하여 격렬하게 대치하였다.

그러나 남쪽지역에서는 민주와 자유를 표방하였기 때문에 북측 동조자들이 활동하기에 편리하였다. 따라서 여수, 순천, 여천, 승주, 보성, 구례, 광양 등 대체로 전라남도 동부지역은 해방 이후 인민위원회가 있었지만 좌·우의 충돌없이 지낼 수 있었다. 그러다가 남북한이 하나가 되어 단일정부를 세우려는 노력이 허사에 그치고 남한이 5·10 선거를 통하여 단독정부를 세우게 되자 학생들의 동맹휴학하는 사태가 발생하였다. 이러한 사태의 변화를 지켜 본 남로당 세력은 학생들을 끌어들이기 시작하였으며, 남로당이 7월 15일부터 실시한 '지하선거'와 9월 이후부터 본격화된 '인공기 게양

투쟁'과 '미 · 소 양군 철수 요구투쟁'을 통해 상대적으로 급진화되었다. 여순 사건때 여수와 순천의 많은 학생들이 봉기 군인들과 결탁하여 이들 사이에 많은 희생자가 발생했던 것도 여기서 기인했다.

이 기간 중에 희생된 사람들에 대한 통계는 정부와 봉기군 측의 계산이 각각 다르다. 11월 말, 사상자에 대한 정부의 공식적인 통계에 의하면 진압군측 군인 141명이 사망하고 263명이 실종되었으며 391명이 봉기군에 합류했다. 한편 봉기군측에서는 821명이 사망하고 2,860명이 사로잡혔다고 발표했다. 민간인 사상자에 대한 총계는 찾아볼 수 없지만, 순천에서만 500여 명이 사망한 것을 볼 때 여수에서 이보다 더 많은 수가 사망했을 것이라 간주된다. 또한 1,714명의 봉기 참여자들이 군사재판에 회부되었으며, 이 중 866명이 사형선고를 받기도 했다.

하지만 이렇게 사태가 수습되는 과정에서 또 다른 불씨가 남아 있었다. 그것은 여순 지역을 평정한 정부가 여순 지역에 계엄령을 내린 후 군인들이 전권을 쥐고 봉기군과 동조자 등을 철저하게 색출하여 처리하는 과정에서 다대한 인명살상이 있었던 점이다. 객관적인 판단의 근거가 부재한 상태에서 경찰, 우익인사, 청년단원 등 봉기군 치하에서 가장 피해를 본 세력들은 민간인 참여자의 색출작업을 통해 무차별적인 학살로 보복했다. 무고한 청년들이 단지 학생복을 입은 죄, 흰 운동화를 신은 죄, 국방색 런닝 셔츠를 입은죄, 머리를 짧게 깎은 죄, 과거에 좌익단체에 가입한 적이 있다는 죄, 가족과 친구 가운데 좌익에 가담한 사람이 있다는 죄 아닌 죄로 젊음을 마감해야 했다.

2. 동인 · 동신의 순교

손양원 목사는 동인과 동신이 다시 학교에 입학해 공부할 수 있다는 것만으로도 큰 기쁨이 되었다. 특히 두 아들이 학생회에서 중요한 몫을 하고 있다는 소식은 더욱 더 반가울 수밖에 없었다. 손양원 목사의 두 아들의 학교와 교회 활동에 대해서는 여동생 손동희 권사가 자세하게 전하여 주었다.

이들 3남매는 당시 승주교회(현 순천제일교회)에 출석하였으며, 담임목사 나덕환 목사의 자녀들과 친하게 지냈다. 특히 두 아들의 교회활동에서 빼놓을 수 없는 것은 순천지역 기독학생연합회(KSCF) 활동이었다. 그리고 동인은 순천사범학교 화재사건으로 학예회 순회공연을 기획하여 건물 개축에 도움을 주기도 하였다.

동인과 동신은 음악에도 소질이 있었는데 학예회 때에 "오라", "나물 캐는 처녀" 등을 부를 정도였다. 이들의 활동은 1948년 봄부터 좌익계 학생들의 눈에 곱게 비칠 리 없었다. 교회와 학교에서 여학생들로부터 어느 정도 주목이 되던 터라 자연히 질시의 대상이 되기도 하였다. 손동희 권사는 큰오빠 동인이 1948년 6월 19일 교내 기관지에 다음과 같은 시를 발표하였다고 전한다.[177]

봄이여 왜 떠나시려오

봄이여 왜 떠나시려오
눈 위에 북풍 애연하게 귀, 코를 오려내고

초목은 바람눈에 벗기우고 매맞을 때에
그 어느 뉘 그대를 사모하지 않던가
봄이여 그런데 왜 벌써 떠나시려오

그대 기다리는 나의 심사는 하소연이 많았소
남산 밑에 만단설화하려 하였더니
봄이며 봄이여 왜 벌써 떠나시려오

희미한 등잔불 바늘로 돋우고
또닥또닥 빨긴 고끼 누비시면시
정몽주, 이순신 이야기하시던
그 옛날, 고향 어머니 그립게만 하고
봄이여 봄이여 왜 벌써 떠나시려오

먼 산과 하늘 사이 아지랑이 뵐동말동
아지랑이 따다가 개나리를 피우려고
종달새 애처로이 지저귀며 올라가니
봄이며 이를 보고 어이 어이 떠나려오

이제 가면 언제나 다시 뵈올까요
태평양에 배 띄워 저어가면 뵈올까요
백두산 한라봉에 올라가면 만날까요

아니오, 낙원이나 올라가면 만날 수 있겠지요

손양원에게는 "두 아들"이 "떠나는 봄"이었다. 해방과 함께 즐거웠던 3년여의 기간이 손양원 목사에게는 너무나도 짧았다. 그러나 그 봄은 낙원에서 다시 만날 기약이었고, 아버지는 아들들에게 부끄럽지 않으려고 2년 뒤에 낙원으로 따라 갔다. 그러나 3부자에게 낙원의 기쁨은 고문이라는 아픔의 문을 통과해야만 했다.

1948년 10월 21일 순천 시내를 장악한 좌익계 군인들과 이들에게 동조하는 학생들은 총을 앞세우고 평상시 친미적인 인사, 특히 기독교계 인사들을 검거하기 시작하였다. 이날 아침 마침 쌀이 떨어져 동인은 동생들의 끼니를 걱정하면서 나덕환 목사에게서 쌀을 빌리려 하였으나 나 목사 집에도 쌀이 떨어져 빌려줄 형편이 아니었다. 그리하여 동생 동장은 애양원으로 보내고 대충 아침을 해결하고 학교에 갔으나 사태가 심각해 짐에 따라 학교는 휴강했다.

그래서 오전 10시 경에 두 형제는 집으로 돌아왔다. 이 때 좌익계 학생들이 몽둥이, 쇠파이프, 총 등을 휴대하고 찾아왔다. 이들은 먼저 동인을 구타한 다음 밧줄로 묶고 끌고 갔고, 다음으로 동신도 구타한 다음 밧줄로 묶어서 순천경찰서로 끌고 갔다. 그리고 오후에 이르러 이들은 싸늘한 시신으로 변했다. 순천의 소요사태가 진압된 다음 동인 · 동신과 같이 세 들어 옆방의 살던 양 집사는 이들의 시신을 수습하여 임시로 매장하였다.

우리는 두 아들의 순교를 어떻게 이해할 것인가? 두 아들은 젊음을 바쳤고, 부모들에게는 결코 잊을 수 없는 고통이었고, 동생들에게는 존경과 허탈과 좌절을 동시에 주었다. 그렇다면 한국교회는 두 사람의 순교를 어떻게 해석해야 할 것인가?

첫째는 부모들의 철저한 신앙을 물려받은 것이었다. 신앙을 위해 일제 치하에서 신사참배를 반대하고 감옥에 수감되었던 아픔은 이들에게는 고통이 아니라 산 교육이었다. 그리하여 두 자녀는 부모들이 지닌 순교적 신앙의 발자취를 뒤따른 것이다.

둘째는 자신들의 신앙간증이었다. 아버지의 수감으로 인해 애양원교회 사택에서 쫓겨나 4년여를 방황하다가 겨우 학생으로 등록되어 다닐 수 있었던 두 사람은 자신들의 행복을 순교로써 간증하였다.

셋째는 한국 현대사의 아픔을 대변하는 죽음이었다. 일제 말엽 신사참배 강요와 대동아전쟁과 세계대전 와중에서 많은 기독교인들이 순교했다. 해방과 함께 나라의 건국 과정에서 좌 · 우 이념적 대결에서 기독교인들이 겪을 수 밖에 없었던 아픔을 대변하는 죽음이었다.

넷째는 아버지의 순교를 준비하는 순교였다. 두 아들의 순교는 아버지 손양원 목사에게는 신사참배 반대로 수감도중에 순교하지 못한 데 대한 자책감과 함께 앞으로 있을 순교의 상황에서 용기를 주었다. 그리하여 손양원 목사는 두 자녀에 부끄럽지 않으려는 마음에서 결국 순교에 임하였다.

다섯째는 한국교회가 일제 통치기간에 신사참배에 동조함으로써 하나님께 크게 죄를 지었는데, 해방 후 교회적인 회개운동은 일어나지 않았다. 그래서 하나님은 가장 순결한 삶을 살았던 손양원 목사 가족 가운데에서, 그것도 아버지로 인하여 학업을 중단하고 피신해야 했던 깨끗한 두 아들을 제물로 요구하였다. 이 두 아들의 순교로 인하여 하나님은 한국교회의 신사참배의 죄를 용서하셨다고 말할 수 있다.

3. 동인 · 동신의 장례

애양원교회는 1948년 10월 12일부터 이인제 조사를 청빙하여 연례 부흥집회를 개최하고 있었다. 이인제는 손양원과 함께 신학교에 입학하여 공부한 동기생으로서 신사참배를 반대함으로써 수감생활을 겪다가 해방과 함께 풀려났다.

이인제 조사는 10박 11일의 집회를 마치고 귀가하려고 준비 중이었는데 군용트럭에 탄 일단의 젊은 학생들이 애양원에 들어와 "우리가 동인, 동신을 죽였다" 고 외치면서 지나갔다.

사태의 심각성을 파악한 애양원은 전국적인 반란이 일어난 것으로 판단하고 집회를 마친 이인제 조사를 귀가하지 못하도록 하고 한 가정집에 숨겼다. 이튿날 애양원에서는 홍순득 집사를 순천으로 보내 상황을 살피게 했다.

동인과 동신의 시신은 이미 수습되어 가매장된 상태였으므로, 애양원 소유 화물 자동차에 흰 천을 씌우고서 순천으로 향하였으나 치안상황을 알 수 없었다. 그러다가 해룡 지서에 국기가 게양된 것을 보고서야 안도의 한숨을 쉬며 시체를 수습해 올 수 있었다.

손양원 부부는 흐트러진 모습을 보였다. 이 모습을 지켜 본 이인제가 정양순 사모를 위로의 말씀으로 달랬지만 손양원 목사에 대해서는 신랄한 비판을 가했다.

> 손 목사 정신차리시오. 우리는 과거 감옥에서 순교하기를 원했으나 하나님은 우리의 순교를 허락하지 않았소. 오늘 젊고 아름다운 두 아들을 순교의 제물로 바친 것이 그리도 아깝소? 슬퍼해야 할 일이 아니오. 더 좋은 천국 갔으니 오히려 기뻐할 일이오.[178]

애양원은 연례 부흥집회에 이어서 동인과 동신의 장례예배를 거행했다. 이인제 조사는 계시록 11장 1-11절을 중심으로 설교를 했다. 설교에 이어 약사, 애도사, 찬양 등의 순서를 끝내고, 손양원 목사는 흰 두루마기에 누런 두건을 쓰고서 「아홉 가지 감사문」을 읽어 내려갔다.

> 여러분 내 어찌 긴 말의 답사를 드리리요. 내가 아들들의 순교를 접하고 느낀 몇 가지 은혜로운 감사의 조건을 이야기함으로써 답사를 대신할까 합니다.
>
> 첫째, 나 같은 죄인의 혈통에서 순교의 자식들이 나오게 했으니 감사합니다.
>
> 둘째, 허다한 많은 성도들 중에 어찌 이런 보배들을 주께서 하필 내게 맡겨 주셨으니 감사합니다.
>
> 셋째, 3남 3녀 중에서도 가장 아름다운 두 아들 장자와 차자를 바치게 된 나의 축복을 감사합니다.
>
> 넷째, 한 아들의 순교도 귀하다 하거늘 하물며 두 아들의 순교이리요. 감사합니다.
>
> 다섯째, 예수 믿다가 누워 죽는 것도 큰 복이라 하거늘 하물며 전도

하다 총살 순교당함이리요. 감사합니다.

여섯째, 미국 유학가려고 준비하던 내 아들, 미국보다 더 좋은 천국갔으니 내 마음 안심되어 감사합니다.

일곱째, 나의 사랑하는 두 아들을 총살한 원수를 회개시켜 내 아들 삼고자하는 사랑의 마음을 주신 하나님께 감사합니다.

여덟째, 내 두 아들의 순교로 말미암아 무수한 천국의 아들들이 생길 것이 믿어지니 감사합니다.

아홉째, 이 같은 역경 중에서 이상 여덟 가지 진리와 하나님의 사랑을 찾는 기쁜 마음, 여유 있는 믿음 주신 우리 주께 감사합니다.[179]

이상의 아홉 가지 감사문으로 답사를 대신한 손양원 목사는 아들들 시신을 맨 상여 앞에서 "수고와 고생 끝난 후에 …… 영광일세, 영광일세, 내가 누릴 영광일세 ……" 라는 부르면서 기쁜 모습을 유지하였다. 그는 주변의 교인들이 눈물을 흘리면 오히려 찬송하라고 요구하기까지 했다. 이 당시의 모습을 박개문 집사와 배길홍 장로는 이렇게 증언했다.

장례식을 훌륭하게 치렀다. 교인들이 다 울었는데, 손 목사님은 상여 앞에서 "수고와 고생 다 끝난 후에 …… 영광일세 영광일세 함께 누릴 영광일세 ……" 라는 찬송을 부르면서 교인들에게 "왜 찬송을 하지 않느냐"고 하였다. 그래도 교인들이 울자 "왜 우느냐, 하나님의 큰 은혜가 나타났는데 왜 우느냐"고 하였다. 장례가 끝난 후 다 가라고 하였다. 손 목사님은 교회의 교인들이 다 간 뒤에 아들들의 묘에서 대성통곡하는

모습을 보았다.[180]

손양원은 두 아들의 장례를 치른 다음 바로 부흥집회를 인도하기 위해 애양원을 떠나야 했다. 그러면서 어린 딸 손동희 양에게 심부름을 시켰다. 손양원 목사는 동희에게 나덕환 목사를 찾아가서, 계엄군 순천 대장을 만나 두 아들을 죽인 안재선의 구명을 원한다는 자신의 마음을 전하라고 했던 것이다.

4. 손양원과 안재선: 인간개조의 확신과 작은 예수로서의 삶

일반인들에게는 흠모와 존경의 대상이며 그리스도의 사랑을 실천한 "사랑의 성자"로 알려졌지만, 본인과 가족들에게는 극히 힘들고 어려운 희생이 따랐다. 손양원 자신으로서는 힘들게 결단하고 실천함으로써 많은 사람들에게 그리스도의 사랑을 전하려 했지만, 그의 순수한 마음을 이해하지 않고 오히려 오해를 불러일으키기도 했다.

손양원의 결단은 여러 사람들에게 충격이었다. 가장 크게 충격을 받은 사람은 당시 중학교 1학년에 다니던 사춘기 딸 동희였다. 우선 안재선의 구명에 대한 아버지의 뜻을 전하고 안재선의 집에서 8개월 동안 기거함으로써, 두 오빠를 죽인 안재선의 얼굴을 날마다 보면서 증오와 용서의 심적 투쟁을 겪었다. 이 사람 사이의 관계는 훗날 안재선의 자녀들이 손동희 권사를 친고모로 알고 찾아오다가 발길이 끊기는 데까지 이어졌다.

손양원 부부는 안재선을 어떻게 받아들여야 했는가? 두 아들을 잃고 한

아들을 얻음으로써 가문의 장남역할을 하게 하였다. 안재선을 아들로 맞이하였지만 그에게는 빨갱이, 살인자 등의 혐오스러운 이름이 따라다녔기 때문에 사람들의 눈을 피해 숨어 지내야 했다. 졸업은 하였지만 직업을 얻을 수도 없고, 따뜻하게 맞이해 주는 사람이나 장소도 없었음으로 애양원 건너편 늑섬에서 멸치잡이를 하기도 했다. 손양원 부부에게 이러한 안재선의 모습이 또한 아픔이었다. 그리하여 안재선은 아버지의 뒤를 이어서 신학공부를 결심하고 부산에 있는 경남고등성경학교에 입학하였다. 그렇지만 그에게는 이 또한 쉬운 일이 아니었다.

손양원 목사는 안재선을 대동하고 부흥집회를 다녔다. 손양원 목사가 안재선을 대동한 이유는 여러 가지가 있었다. 무엇보다도 양자로 삼은 그를 신앙으로 개조시키려는 마음에서였다. 손양원은 다음과 같이 피력하였다.

> 본성문제(각 사람의 본성에 대하여)
>
> 본성은 못 고친다고 하여 방종하는 이가 많다. 그러나 주 안에서는 이도 고칠 수 있다고 본다. 예수께서 육신으로 오셨을 때에는 육신의 병을 고쳤고 성신으로 오신 주님은 우리 마음을 고친다. 이적이란 무엇인가? 자연법칙을 초월하여 인간 지식으로나 능력으로는 할 수 없는 것을 하나님께서 하심이 이적이다. …… 어떤 청년이 내게 말하기를 내가 예배당에 가서 목사의 설교를 들어보니 빨간 거짓말만 합디다. 오병이어(五餠二魚)로 오천명이나 먹고 열두광주리나 남았다니 이런 거짓말이 어디 또 있겠습니까? 내가 대답하기를 이 사람아 조(粟) 밭에 조 이삭이 몇 알이나 되는가? 그것이야 수천이지요. 그러면 처음은 한 알이

아닌가. 한 알이 수천이 되게 한 이는 누가 하였는가? 농부가 하였는가? 어떤 과학자가 하였는가? 이 일을 되게 하신 이가 곧 하나님이 아닌가? 이 하나님의 아들 예수께서 오병이어로 오천 명을 먹일 수 없겠는가. 어떤 개미가 지렁이를 끌고 가려고 애를 쓰는데 한 아이가 지나다가 차 버리면 개미에게는 '아이고, 이는 이적이라' 하겠으나 아이에게는 보통인 것이다. 마찬가지로 우리에게는 이적 같으나 하나님에게는 아무것도 아니다. 일본에 어떤 도서관에 가보니 약 20만 권의 책들이 있는데 그 중에 철학서가 대부분인데 우주가 어떻게 생겼으며 인생은 어떻게 났으며 장차 어떻게 될 것인가? 하는 문제에 대하여 결론은 다 의심뿐이라고 "?(물음표)"를 붙인 것뿐이다. 그러나 예수를 믿는 자이면 누구나 태초에 하나님께서 천지를 창조하셨다는 것을 믿고 안다. 가장 무식한 할머니들에게 "천지를 뉘가 지었오?" 하고 물으면 "하나님이 창조하셨지요" 라고 답한다. 무식한 할머니라도 철학박사보다 유식합니다. 이는 마치 농부가 일 년에 수고하여 쌀을 산출하지만 나는 수고 없이 밥 한 그릇을 먹는 것과 같다. 이와 같이 믿으니 학 · 박사들이 평생 연구해서도 모르는 것을 우리는 알 수 있는 것이다. …… 천성문제도 갑자기 고쳐지는 것은 아니다. 죄짓는 천성을 못 고칠 리는 없다. 예수 믿고서 혈기 많은 자가 온유해지고 악질의 사람이 선량해 진다. 성질에 늦고 급한 것은 문제가 아니다. 숯(炭)은 아무리 비누로 빨아도 그대로 깜지마는 불 가운데 넣으며 불꽃과 같이 변한다. 우리 한국에 김익두 목사 같은 이는 부랑꾼으로 유명했었는데 이가 회개하고 예수 믿어 목사까지 되었다. 그러나 근본성질 즉 죄의 뿌리는 쏙 빠지지 않는다. 이

것으로 날마다 싸워서 하늘가서 상 받게 된다. 일제 시대 신사참배 문제가 일어날 때 어느 날 아침에 형사들이 평양신학교 기숙사에 와서 재학 중에 계시는 이상업(李相業) 목사님 방을 수색하고 묻기를 "너희 가진 것이 이 뿐인가?" 할 때 이 목사는 다른 중요한 것을 상자 밑에 감추어 두고 있었는데 없었다고 하려니 하나님이 두려워서 거짓말은 할 수 없고 있다고 할려니 형편이 딱하고 해서 얼핏 나오는 말이 "내가 있다고 하면 믿으며 없다고 한들 믿겠는가? 있는 대로 찾어 보시오" 라고 하니 형사가 답하기를 "당신은 작은 예수인데 내가 당신을 못 믿으면 누구의 말을 믿겠는가?" 라고 하였다. 불신자도 우리를 예수 믿는다고 신용해 주는데 또 하나님께서 나를 택하였는데 어떻게 우리의 생활이 이같이 거짓된가? 나는 때마다 눈물을 흘린다. 나는 작은 예수니 성경대로 살지 않고 되겠는가? 옛 성도들은 충성하였건만 우리는 왜 이러한가? 나는 죽을지언정 주 금한 것은 하지 말게 하시고 하라고 명하신 것은 하게 해 주소서 라고 기도한다. 오늘이란 오늘이 과거의 마지막 날이 되고 미래의 신출발의 날이 되도록 힘쓰자. 순천 선교사 부흥회 시에 어떤 여 선교사가 인도하였는데 그 방식은 각각 성경을 읽게 하고 "당신은 이 성경을 읽고 하나님의 말씀으로 믿고 남에게 가르치는데 당신은 이대로 하는가?" 라고 책망할 때에 거기서 회개하고 큰 부흥이 일어났다고 한다. 불순종이란 것은 하라는 것을 하지 않는 것이다. 하지 말라는 것을 하는 것이 일반이다.[181]

손양원은 인간의 본성이 하나님의 성령으로 고쳐질 수 있다고 확신하였다. 그 예로 김익두 목사의 삶을 소개하면서 우리도 얼마든지 고쳐질 수 있다고 확신했다. 이렇게 실천하는 방법은 자신의 삶을 "작은 예수"로 규정하면서 성경대로 사는 길로 표현했다. 만일 이것이 실천되지 않을 경우 눈물을 흘리면서 기도하면 가능하다고 하였다.

"작은 예수"라는 개념은 어디에서 왔을까? 종교개혁자 루터는 사람이 하나님의 뜻을 행할 수 있는 길은 첫째는 하나님께 감사하고, 둘째는 기도하고, 셋째는 찬양하고, 넷째는 순종하고, 다섯째는 이웃을 사랑하는 것이라고 하였다. 루터는 그리스도의 성육신을 2,000년 전 베들레헴의 마굿간에서 태어나 말구유에 누우신 역사적인 단 한 번의 성육신으로 한정하지 않고, 오늘날에도 이웃사랑을 통해 지속적으로 태어나시는 연속적 사건으로 해석했다.

손양원은 작은 예수라는 개념을 이웃에 대한 물질적인 나눔을 통한 사랑과 연결시키기보다는 자신의 내면을 되돌아보는 성찰과 연결시켰다. 그래서 그는 예수님처럼 사는 길에서 작은 예수를 찾았다. 그리하여 안재선을 용서하고 양아들로 받아들이는 것은 죄로 인하여 죽을 수밖에 없는 자신을 위하여 십자가에서 죽으신 예수님의 은총을 생각한다면 얼마든지 가능했다. 예수가 나를 위해서 하늘 보좌를 버리고 인간의 모습으로 오셔서 십자가의 창피와 고통을 겪으심으로써 우리를 향하신 하나님의 사랑을 증거하셨다면, 손양원은 두 아들을 죽인 안재선을 어찌 아들로 받아들일 수 없단 말인가! 이것이 작은 예수로 사는 길인데. 그리고 이것이 성경대로 사는 길인데!

손양원 목사는 작은 예수로 사는 것이 곧 성경대로 사는 길이며, 이러한 삶이 또한 기적으로서 사람의 본성을 바꿀 수 있다고 확신하였다. 따라서 안재선을 항상 부흥회에 대동하고 다니면서 간증시킴으로써 우선 그의 본성이 개조될 것으로 믿었다.

그렇지만 손양원 목사 자신이 제아무리 확신한다 할지라도 변화의 주체인 안재선 자신이 심리적인 부담을 느끼면서 자꾸만 위축된다면 그의 본성의 변화는 손양원이 원하는 만큼 빠르고 완벽하게 일어날 수 없었다. 그것은 부흥회에 참석하는 사람들이나 손양원을 아는 사람들이 안재선을 보면서 변화되어져가는 모습으로 보기보다는 공산주의자 안재선, 살인자 안재선이라는 선입견을 가지고 보았고, 이러한 선입견이 안재선에게 큰 부담으로 다가왔기 때문에 손양원이 원하는 안재선으로 변화되지 못하였다.

그래서 안재선은 부산의 경남고등성경학교에서도 학업을 마칠 수 없었고, 멸치잡이 등의 어업에서도 실패했다. 결국 숨어사는 삶으로 전락할 수밖에 없었다. 이러한 안재선의 모습은 또한 손양원 목사와 가족에게 심리적인 부담으로 다가왔다. 손양원 자신도 때로는 "안재선이와 함께 앉으려 하니까, 마음이 섬뜩했지만, 다음에는 좋아졌다"고 말하며, 아들이 죽은 것에 대하여 평상심을 유지하다가도 "지팡이 둘을 짚고 가다가 한꺼번에 가운데가 부러진 것 같다"고 표현하기도 했다.

제5장 한국전쟁과 세 번째 수난

해방이후 혼란스러운 한국 상황은 1948년 8월 15일 대한민국 정부의 수립과 함께 어느 정도 안정을 찾았다. 그러나 여수와 순천에서 일어난 14연대 반란사건은 공산주의자들을 철저하게 파악하여 척결시켜야 한다는 생각을 일으켰다.

이러한 생각을 실천에 옮긴 것이 당시 반공검사로 알려진 오재도가 1949년에 조직한 〈국민보도연맹〉이었다. 이 조직은 대한민국정부의 절대 지지와 북한정권 절대 반대, 인류의 자유와 민족성을 무시하는 공산주의 사상의 배격과 남 · 북로당의 파괴정책 폭로, 그리고 민족진영 각 정당 · 사회단체와 협력해 총력을 결집한다는 내용을 주요 강령으로 삼았다. 1949년 말에는 가입자 수가 30만 명에 달했고, 서울에만도 거의 2만 명에 이르렀다. 원래 우선적으로 사상적 낙인이 찍힌 사람들을 대상으로 하였지만, 거의 강제적으로 지역별 할당제가 있어 사상범이 아닌 경우에도 등록되는 경우가 많았다.

그러나 이 단체는 점차 설립취지와 다르게 운영되었다. 한국전쟁이 발발하자 정부와 경찰은 초기 후퇴 과정에서 이 단체에 소속된 사람들을 무차별적으로 검속하여 즉결처분(사형)을 단행함으로써 6 · 25전쟁 중 최초의 집단 민간인 학살을 일으켰다. 이는 곧 북한 인민군 점령지역에서 일어난 좌익 세력에 의한 보복학살의 원인이 되었다.

1. 호남지역과 한국전쟁

1950년 6월 25일 한국전쟁과 함께 선교사들은 철수를 결정하고서 각각 소속 선교부로 가서 짐을 챙긴 후 부산에 도착하여 일본 및 미국으로 피신했다. 선교사들이 떠난 후 7월 23일 북한군이 전라남북도 일대를 점령하였다. 북한군은 전주, 광주, 순천 등에서 선교부에 사령부를 설치하고, 지역 형무소의 죄수를 석방하고, 내무부를 설치하여 치안을 유지시키는 한편 우익인사들을 색출하기 시작하였다. 동시에 시민들을 상대로 "인민군에 의하여 통일되었다. 전기가 24시간 공급된다. 빈부의 차이가 없는 좋은 세상이 왔다"고 선전하였다.

지금까지 지하에 숨어 있던 좌익계열 단체들이 조직되었다. 그래서 인민위원회, 민청, 민애청, 부녀동맹 등 옛 남로당 조직이 복원되고, 소년단, 조국보위후원회 등이 새로 조직되었다.

9월 28일 인천상륙작전을 기점으로 북한군은 철수하기 시작하였는데, 이때 광주 형무소에 투옥시켰던 우익인사들 상당수를 총살시켰다. 이 사이 경남지방에서 투쟁하던 전남경찰은 10월 1일 마산에 집결하여 10월 3일 광주에 진주했다. 이렇게 하여 광주의 치안은 10월 3일을 기점으로 옛 모습을 되찾았다. 미처 퇴각하지 못하고 무등산, 불갑산, 지리산, 백아산, 백운산 등지에 남은 잔당(빨치산)을 소탕하기 위한 전투는 지속되었다.

이 사이 광주와 전남 교회들에게는 어떠한 변화가 있었는가? 전라남도 도지사를 역임한 최영욱 박사(최흥종 목사의 동생), 양림교회의 박석현 목사, 영암군 수해교회, 담양의 원창권 목사, 3백만 구령운동을 외쳤던 김병엽 목사, 염산교회의 김방호 목사와 그의 일가족을 포함한 77명, 야월교회의 김성종 영수를 포함한 65명, 법성포교회의 김종인 목사와 24명, 백수교회의 22명, 묘량교회의 김평국 장로를 위시한 26명, 영암읍교회, 강진읍교회의 배영석 목사, 진도읍교회, 담양 양지교회, 함평의 징재린 전도사, 순천 애양원의 손양원 목사, 조상학 목사 등 8명 등이 순교를 당했다. 전라북도 고창읍교회와 대장교회 등 여러 곳에서 순교자가 빌생하였다.

2. 여수 · 순천 지역과 애양원

애양원 내에도 공산사상을 가진 사람들이 없었던 것은 아니다. 애양원 사람들이 애양원 입구에 있던 마을 주민들과 어느정도 관련을 갖고 있었는지 알 수 없지만 이들의 관계는 이점에서 중요하다. 애양원 입구 마을, 일명 "닭머리 촌"은 최씨 집성촌으로서 공산사상을 가진 사람들이 많이 있었다. 이들은 1949년 보도연맹에 대거 가담했고, 이후 국방군에 의하여 대거 몰살당했다.

북한이 1950년 7월 23일 순천과 여수에 입성하기 앞서 목사와 장로들은 부산으로 피신했다. 이어서 북한군은 각 지역에 내무서를 세우고 우익인사들을 색출해 교화대상으로 보고 학습시켰다. 그리고 보도연맹 피해자 가족들은 국방군과 경찰 가족들에게 보복하는 사태가 발생하였다. 이 부분을 당시 장천교회 목사로 재직하던 차남진의 부인 오마르다 권사는 이렇게 회고했다.

특히 여순사건 때 닭머리 사람들이 많이 잡혀갔다. 이 마을은 원래 최씨 일촌(一村)이었는데, 공산 사상을 가진 자가 많았다. 다시 말해 보도연맹 사건으로 인하여 이승만 정권때 여순사건 이후 이 동네 남자들을 대거 사살함으로써 동네에 남자들이 없고 여자들만 남았다. 여순사건 때 잡혀갔던 닭머리 지역 등의 공산 세력들이 6 · 25 사변으로 크게 들고 일어났었다. 손양원 목사는 나에게 순교하자 순교하자 하면서 애양원으로 올 것을 권하였다.[182]

이 무렵 애양원 식구들에게도 괴소문이 나돌았다. 북한은 문둥이가 없는 좋은 세상인데 문둥이들이 있으면 이 좋은 세상을 더럽히게 되므로 북한군이 남한의 문둥이를 다 쏴 죽인다는 소문이었다. 결과적으로 병자들이 많은 신풍과 장천 지역이 최대의 전투장이 된다는 것이었다. 이러한 소문으로 애양원이 술렁거렸다. 몇몇 사람은 애양원에도 인민위원회를 세우고 인공기를 걸자고 요구하였다. 손양원은 이에 삼위일체 하나님을 거부하는 공산주의에는 절대로 동조할 수 없다고 거부하였다.[183]

손양원 목사는 왜 애양원이 공산주의에 물들지 않도록 지키려고 결심하였는가? 이 부분은 후일 손양원 목사와 함께 끌려가다가 생존하였던 차진국의 증언을 통해서 알 수 있다. 차진국은 율촌 지소에 먼저 잡혀와 있었는데 어떤 머리가 꼬실꼬실한 사람이 와서 "손 목사를 잡아오지 않으면 애양원에 인민위원회를 세울 수 없다"고 말하는 것을 들었다고 언급했다.[184]

손양원은 금식하면서 애양원 환우들이 공산주의가 아니라 오히려 하나님 사상으로 물 들도록 날마다 집회를 했다. 당시 찬송가 305장, "만세반석 열린 곳에 내가 숨어 있으니 ……"를 큰 목소리로 함께 합창하면서 순교하면 곧바로 하늘나라에 간다는 사실을 강조하고 있었다.

이러한 상황에서 애양원에는 경찰 가족과 목회자 가족 중 몇 사람이 피신하였다. 손양원 목사 역시 애양원 환우들의 권유에 따라 부산으로 피신하기로 결정하고, 배에 각종 짐을 싣고 송별예배까지 드렸다. 그러나 그는 결국 뱃머리를 돌려 애양원으로 다시 돌아왔던 것이다.

3. 손양원 목사의 순교

손양원 목사가 부흥회를 인도하자 애양원 분위기는 어느 정도 가라앉았다. 집회 기간 중 손양원 목사는 북한군이 올 것을 예상하고 신길수 장로 집에 기거했다. 만약 북한군이 체포하러 온다면 환우들에게 피해를 주지 않기 위하여 선뜻 나서려는 마음을 굳게 다졌다.

9월 13일 오후 2시경 손양원 목사는 율촌 내무서로 끌려갔다. 이 지역 우익인사들은 교화대상자나 학습대상자였다. 이미 상당수의 인사들이 잡혀와 있었다. 손양원은 율촌지서에서 여수경찰서로 이송되어 학습을 받았으나, 그는 교화당하기보다는 오히려 학습자를 기독교로 교화시키려 하였다. 손양원 목사는 내무서원과 북한병사들에게 기독교의 진리와 예수의 사랑을 전하였다.

한국전쟁 기간 중 사람들은 여러 모습으로 박해를 받고 순교를 당했다. 함평의 정재련 전도사의 발은 정강이 부분이 깨져 있었는데, 그 이유는 공산군이 "이 발로 예수를 믿으라고 전도하러 다녔다" 라고 하면서 다시는 전도하지 못하도록 정강이를 부러뜨렸기 때문이다. 이에 따라 손양원은 지속적으로 예수믿으라고 전도했기 때문에 다시는 입으로 전도하지 못하도록 입을 장총 개머리 판으로 때려 입술이 으깨어지고 뒤로 돌아가 있었다.

차진국의 증언은 더욱 생생했다. 북한군은 열 사람 정도를 한 줄로 묶어 여수에서 순천으로 도보로 이송시켰는데, 미평과수원(현재 여수 둔덕동)에 이르러 사살했다. 그런데 차진국은 총알이 가슴과 팔 사이로 비껴나갔으나 본인은 총을 맞았다는 생각에 넘어졌다. 이어 손양원 목사가 총을 맞고 자신 위로 넘어졌다.

정신을 차린 차진국은 손양원이 신음하면서 총을 쏜 사람들을 용서해 달라고 기도하는 소리를 들었다고 한다. 또한 손양원 목사는 총을 맞고 곧바로 숨이 끊어지지 않았었는데, 그 상황에서 손양원을 바로 병원으로 옮긴다면 살 수 있었을지도 모른다고 언급했다. 그러나 손양원은 고통을 이기지 못하고 발을 뻗침으로써 발뒤꿈치가 다 벗겨져 나갔고, 결국 그 자리에서 순교하였다.

4. 손양원 목사 순교의 의미

손양원의 사모는 9월 28일에 막내 동길이를 출산하였다. 여러 사람들은 수습하여 온 손양원의 시신을 보지 않는 것이 도움이 될 것이라고 했지만, 정양순은 오히려 반대하였다. 이 모습을 지켜 본 오마르다 권사는 다음과 같이 회고했다.

사모님은 손 목사님의 머리에 입을 맞추고, 머리를 쓰다듬으시고, 머리를 잡고 기도하기 시작했는데, 너무나도 은혜로워서 다같이 하늘나라에 가는 듯한 기분이었다. 기도의 내용은 "한 가정에서 3부자가 순교했는데 이렇게 영광을 주셨는데 왜 우느냐"며 주위 사람과 환자들에게 울지 못하게 하였다.[185]

손양원과 두 아들의 순교에는 유사성이 있다. 첫째 처형 순간까지 예수님을 전도했다. 둘째는 생명이 끊어지는 순간까지 처형자를 원망하지 않고 오히려 위해 기도하였다. 셋째는 공산주의자의 손에 처형당하였다.

손양원은 스스로 두 아들에게 한 약속을 아무도 모르게 지난 2년 동안 지켜오다가 드디어 지켰다. 그는 아들들에게 부끄럽지 않겠다는 굳은 결심을 마침내 실천에 옮겼고, 동시에 한국전쟁 기간 중 설교를 통해 순교를 강조하던 자신의 말을 이행했다.

손양원의 시신을 수습한 후 장례식에 안재선이 참석하여 맞아들 역할을 하였다. 그러나 손양원의 순교는 자녀들에게 또다른 충격이었다. 아버지가 순교를 당하고, 두 오빠를 죽인 안재선이 상주 역할을 하는 모습은 셋째 아들 동장과 큰 딸 동희에게 받아들일 수 없는 일이었다. 그래서 이들은 한 동안 하나님을 부인하고 곁길로 나가기도 하였다.

손양원 목사의 삶에 대하여 "성자(聖子)" 혹은 "사랑의 성자"라는 호칭을 붙이기도 한다. 그러나 필자는 오히려 손양원 목사를 자신의 말을 지키기 위하여 성실하게 노력하였던 사람, 즉 "성자(誠子)"라고 불러야 할 것이라고 생각한다. 손양원 목사는 평소 "순교하자" 라는 말을 자주 했는데, 자신의 순교는 언행일치(言行一致)와 신행일치(信行一致)의 삶을 증명해 주었다. 『사랑의 원자탄』의 저자인 안용준 목사는 손양원 목사의 삶을 이렇게 규정하였다.

산돌[活石] 손양원 목사

그의 일생(一生)은 기도(祈禱)로 호흡(呼吸)을 삼고 성경(聖經)으로 양식(糧食)을 삼았다.
그의 신앙(信仰)은 천국(天國)의 소유자(所有者)였고 생활(生活)은 순교(殉敎)의 제물(祭物)이었다.
그는 이십오 년간(二十五年間) 나환자(癩患者)들의 부모처자(父母妻子) 노릇을 하였고 옥중(獄中) 육 년간(六年間) 하나님의 완전(完全)한 식구(食口)가 되었다.
여순사건(麗順事件) 때 사랑의 간증자가 되었고
인공시대(人共時代)에 십자가(十字架)의 후계자(後繼者)가 되었다.
그는 인류를 사랑하시되 독생자(獨生子)까지 아끼지 않으신 하나님과 죄(罪)를 대신(代身)하시되 십자가도 사양치 않으신 예수 그리스도와 은혜(恩惠)를 베푸시되 그 시기(時期)와 장소(場所)를 가리지 않으시는 성신(聖神)의 신앙(信仰)과 생활(生活)의 사람이었다.

목사 손양원은 기독교 신앙을 어떻게 보았을까? 그에게 기독교 신앙이란 불붙는 열심이나 확신이나 취하는 감동이 아니었다. 또한 고생을 무시하는 인내도 아니고 현실을 무시하고 장래의 광명만 바라보는 것도 아니었다. 그렇다면 그에게서 기독교 신앙은 무엇이었을까?

신앙(信仰)은 진리(眞理)니라
진리의 신앙이 참 신앙이니라

진리는 영원(永遠)하신 하나님의 참되신 뜻이니
확실(確實)하며 정연(整然)하며 영원하여
시(時)를 따라 변(變)치 아니하며
소(所)를 따라 동(動)치 아니하는지라

장엄(莊嚴)한 우주(宇宙)가 그 표현(表現)이요
정연한 자연(自然)이 그 율법(律法)이라
진정(眞正)한 신앙도 그 진리임이
우주와 같으며 자연과 같도다

대개(大槪) 하나님께서
진리로 우주를 지으셨으며
또한 진리로 신앙을 지으셨음이라

하나님의 창조(創造)니라
하나님의 자기자신(自己自身)을 담아놓은 조화(造化)니 신비하고

영원하여 생명(生命)이니라
영원히 사는 생명이니라
진리로 살아 그 생(生)은 무한(無限)히 쌓아 올라가는 진리의 탑(塔)
이로다

손양원이 이해하는 기독교 신앙은 시대에 따라 변치 않으며 장소에 따라 요동치 않는 확고한 진리 그 자체였다. 이 진리는 하나님의 창조로서 영원한 생명을 주었다.

그렇다. 손양원 목사는 시대와 장소에 따라 변하지 않는 신앙의 일관성을 지녔다. 일관성은 바른 것(直), 곧 길이 하나 밖에 없다는 것을 의미한다. 그래서 손양원 목사는 영원한 생명에 이르는 단 하나의 길인 진리의 길을 택했으며 일생동안 진리의 탑을 쌓기 위해 노력했던 것이다.

글을 마치면서

호남지방에서 의료선교사는 신자들에게 전형적인 기독교인의 삶으로 간주되었다. 1898년부터 목포, 광주, 전남 동부 6군 지역에서 교회와 환자들을 돌보다가 1909년 4월에 죽은 오웬, 오웬의 위급한 소식을 듣고 목포에서 광주로 치료차 오다가 한센 여환우를 품에 안고 광주 기독병원에 도착했던 포사이드, 광주 기독병원을 실질적으로 세우고 봉선리 한센환우 집단치료소와 여수 애양원을 세우고 함께 동거하면서 치료에 전념한 윌슨! 이분들의 헌신적인 삶은 전라도 기독교인들에게 신앙의 가장 전형적인 모습으로 비춰졌다. 그리고 그들의 모습은 이 지역 기독교인들의 다정다감한 심성에 크게 공명할 수 있었다.

이러한 의료선교사들은 교회정치적인 능력이나 수완이 있었다기보다는 하나님의 말씀을 있는 그대로 받아들이고, 불같이 하나님을 찬양하고 기도했으며, 한국인 환자들을 친형제와 자매처럼 따뜻하게 대함으로써 외국인 선교사라는 높은 지위와 한국인 환자라는 낮은 지위 사이의 차이를 제거했다. 이와 같이 선교사들은 호남인들에게 여러 방면에서 강한 호소력을 지녔던 것이다.

의료선교사들은 하나님의 말씀을 최고의 가치로 인정한 불붙는 기도의 사람이었고, 이웃의 아픔을 보고 그대로 지나치지 못하는 선한 사마리아인이었다. 이들은 복음을 알지 못하고 헤매는 한국인들에게 전도전단을 배포하며 예배에 빠지지 말기를 독려하였다. 이들은 길거리에 버려진 고아들, 다리밑의 고아와 거지들, 길거리에 배회하는 한센 환우들, 가족으로부터 버림받은 노인들, 불구폐질자들, 그리고 버림받은 과부들과 창녀들을 품에 안았다. 이것이 바로 그리스도의 모습이었다. 의료선교사들은 이들을 병원에 무료로 입원시켜 치료했고, 경제적으로 여의치 못할 때에는 서슴없이 자신들의 사재를 털었다.

세핑(Shepping) 선교사는 13명의 고아를 양자녀로 입양하여 교육시키고 버림받은 과부들과 일부 비윤리적인 삶을 살았던 여성들을 위한 교육기관으로서 〈닐 성경학교(Stephen Neel Bible School)〉를 세워서 훈련시켜 다음 교회의 여전도사로 일하게 했다. 세핑이 1934년 죽을 때 그녀가 입고 있던 옷과 덮고 잔 담요 한 장이 전재산이었다.

이를 통해 볼 때 손양원 목사는 전라도 지역에서 한국인들에게 큰 감화를 주었던 의료 선교사들의 삶을 그대로 이어받았다고 말할 수 있다. 그런데 손양원은 경상남도 함안 사람이었다. 즉 영남지역의 지리적 특성이라 할 수 있는 보수성과 심리적 특성인 의무형 신앙을 물려받아, 학자적인 연구를 거듭한 다음 전라도 지역에서 한센 환우들과 더불어 의료-선교적 목회에 전념하면서 봉사하고 섬기다, 두 자녀와 자신의 순교로써 내면적인 자아 완성을 이룩했다고 볼 수 있다. 따라서 손양원은 영남과 호남의 신앙적 기질을 종합적으로 반영했다고 말할 수 있을 것이다. 참고로 지역에 따른 한국의 기독교 신앙을 분석한다면 다음과 같다.

	서북지방	영남지방	호남지방
지리적 특성	진취성	보수성	낭만성
심리적 특성	의지형(will be)	의무형(must be)	유연성(can be)
신앙인의 직업	사업(business)	학자(scholar)	농업(farmer)
선교의 호소력	교육선교	복음선교	의료선교
한국 신앙인의 기질	자아-개발형	자아-개발형	자아-완성형
신앙적 특성	순회성(itinerant)	군림형(ruling)	봉사형(serving)

이제 "손양원 목사는 누구인가?"라는 질문에 답 할 수 있다. 그는 성자(聖子)인가? 성자(省子), 성자(誠子)인가? 아니면 이 세 가지 칭호를 다 받기에 합당한가? 손양원 목사는 일반적으로 성자(聖子)로 알려져 있지만, 그는 자신의 내면적 세계를 끊임없이 되돌아 보며 하나님께 대한 일관성을 유지하려고 스스로 채찍을 가하던 성자(省子)였다. 동시에 그는 교회와 교인들, 그리고 가족들을 향해 자신이 한 말을 지키려고 노력한 성자(誠子)였다.

손양원은 평생 하나님의 말씀을 탐독하면서 깨달은 내용을 삶에서 실천하기 위해 기도를 통하여 하나님의 힘을 구했다. 만일 원하는 만큼의 결과를 얻지 못할 때는 자신을 채찍하는 성(省)의 삶을 지속했다. 이와 같이 손양원 목사의 삶에서 성경과 기도는 빼놓을 수 없는 출발점이었다.

손양원은 성경을 탐독하면서 나같은 죄인을 하나님이 사랑하셔서 그 아들 독생자 예수를 값없이 주셨기에 죄 씻음의 은총을 받은 사람이 되었다는 사실을 인식했다. '성경 탐독과 불같은 기도의 삶', '죄인 됨의 인식과 하나님 사랑/그리스도의 은총'이라는 두 축은 그의 삶을 전체적으로 붙들어 주었던 중심적 인식이 되었다. 바로 이 두축을 중심으로 성자(聖子), 성자(省子), 성자(誠子)의 삶을 이끌어 갔던 것이다.

미주

1. 지금까지 손양원 목사에 관한 연구는 여러 각도에서 시도되었다. 맨 먼저 시도된 일대기는 안용준의 『사랑의 원자탄』(성광문화사, 1949)이다. 그 후 1952년부터 안용준은 고려신학교에서 발행하는 『파수군』에 「체형조서」, 「옥중서신」 등의 이름으로 기고했다. 쉽게 읽을 수 있는 글로 큰 딸 손동희 권사가 쓴 책 『나의 아버지 손양원 목사』(아가페, 1999)와 『사랑의 순교자 손양원 목사 옥중목회』(보이스사, 2000)이 있다. 손양원 목사에 대한 학문적 연구는 애양원교회 담임인 이광일 목사가 미국 트리니티 신학대학교 목회학 박사 과정에서 1995년에 제출한 「산돌 손양원 목사의 생애와 사상에 관한 연구」가 있다. 이어서 이광일 목사는 손양원 목사 순교기념사업회 주관으로 손양원 목사 설교집 1, 2, 3, 4를 편찬하여 출판하였다. 손양원 목사에 관한 윤리학적 접근은 이홍술, 『순교자 손양원 목사의 생애와 사상』(늘푸른솔 서원, 1995)가 있다. 그 밖에도 설교학적 입장에서 손양원 목사를 연구한 사람들은 주승중(「한국교회 순교자들의 설교내용과 사상에 관한 연구: 김익두, 김화식, 주기철, 손양원 목사를 중심으로」, 1987)과 박철희(「손양원 목사의 설교연구」, 1998)이 있다. 손양원 목사에 대한 교회사적 연구자로는 장병재(「손양원 목사의 생애와 사상에 관한 연구」, 1996)가 있다.

2. 김수남 권사의 증언, 2003년 5월 14일.

3. 김수남 권사의 증언, 2003년 5월 14일.

4. 박개문 집사, 배길홍 장로의 증언, 2003년 5월 14일.

5. 김수남 권사의 증언, 2003년 5월 14일.

6. 손양원 목사의 9가지 감사 기도는 여러 글에 등장하는데, 『기독공보』 2001년 2월 3일(토요일)자 8면에도 잘 실려 있다.

7. 이광일 목사의 증언, 2003년 5월 14일.

8. 이 당시 애양원 경리과장 유지형의 부인 오은자 집사(차남진 목사의 처제)와 차남진 목사의 부인 오마르다 권사는 애양원에서 손 목사와 함께 한국전쟁 기간을 겪음으로써 이 기간에 진행된 부흥회와 손양원 목사의 순교를 생생하게 기억하면서 증언하였다. 2003년 3월 11일 오후 3시 면담.

9. 함께 총을 맞고 쓰러졌다가 기적적으로 살아난 차진국 씨는 "손양원 목사를 누군가 병원으로 데리고 갔으면 충분히 살 수 있었다"라고 자신의 목격담을 말하였다. 이 이야기는 애양원과 순천 여수지역에 널리 알려진 사실이다. 필자는 2003년 4월 19에 차진국 씨의 조카인 차숙철(미국 San Jose거주, 현재 62세) 씨를 통하여 이상의 사실을 생생하게 들었다.

10. Underwood, L., *Fifteen Years*, 239.

11. Underwood, L., *Fifteen Years*, 133.

12. Hall, S., *With Stethoscope,* 176.

13. Nisbet, *Day In and Day Out*, 123-124.

14. Avison, "Diseases II," 208.

15. Dr. George H. Winn, "Report of the Fusan Leper Asylum, 1910-1911," *The Missionary* 10(1912): 912-914.

16. 미국 북장로교 선교회 소속이었던 어빈은 1912년부터 부산이 호주장로교 선교구역에 다시 편입되자 선교사직을 사임하고 부산에서 의원을 열었다. 이후 아내와 이혼하고 한국 여성과 재혼했으며, 1933년에 부산에서 세상을 떠났다.

17. Dr. George H. Winn, "Report of the Fusan Leper Asylum, 1910-1911," *The Missionary* 10(1912): 912-914.

18. 호주 장로교 선교사 멕켄지는 1910년 2월 한국에 파송되었다. 이후 28년간 부산 상애원 원장으로 한센병 환자들의 치료와 교육에 전념했고, 1915년에는 부산 일신여학교(이후 동래여중)를 세웠다. 1938년에 일제의 강제 추방 정책에 따라 귀

국하였다.

19. 『기독신보』, 1929년 2월 13일.

20. 『기독신보』, 1929년 2월 13일.

21. 『기독신보』, 1929년 2월 13일.

22. 1867년 7월 19일 미국 버지니아 주 블랙 왈누트(Black Walnut, Virginia)에서 태어난 오웬(Owen)은 4살 때 아버지가 죽고 어머니는 개가하자 할아버지(William L. Owen)집에서 자랐다. 그는 1893년에 신학교를 졸업하고 목사가 되었으나, 해외선교사업을 준비하기 위해 의학수업을 받았다. 이 시기 선교사 드루(A. Damer Drew)가 한국에 파송되자 그의 선교비를 지원했다. 오웬은 1897년 미국 남장로회 해외 선교국으로부터 한국 선교사로 지명 받았으나, 여러 가지 준비를 마친 뒤 1898년 11월 6일에 벨 목사가 기다리던 목포에 부임했다. 1904년 2월 남장로교 한국 선교회로부터 벨 목사와 함께 광주 선교부를 시작해달라는 부탁을 받고 12월 25일 광주에서 첫 예배를 드린 후 전라남도 동부지역(능주, 남평, 화순, 장흥, 보성, 고흥, 순천, 여수, 구례, 광양)등지에서 사역했다.

23. 1873년에 태어난 포사이드는 쿠바에서 선교를 한 후 1904년 남장로교 선교사로 한국에 파송되었다. 그는 전주에서 고아원 운영자와 순회 전도 요원으로 활동했다. 1905년 3월에는 전주의 이씨 양반을 치료하다가 의병들에게 일본 경찰로 오인되어 귀를 잘리기도 했다. 1907년부터는 목포에서 활동했으며, 제주도에서 수 차례 의료-전도 활동을 했다. 1909년 오웬을 치료하기 위해 광주로 오다가 여자 나환자를 보살펴 준 사건으로 '선한 사마리아 인' 으로 불렸다. 1912년에 과로를 비롯한 질병으로 귀국했으며, 1918년 미국에서 눈을 감았다.

24. Mrs. C. C. Owen, "The Leper and the Good Samaritan," *The Missionary* 8 (1909): 408.

25. 최흥종, 「구라사업 50년사 개요」, 『호남일보』, 1960년 3월 17일.

26. 폴 알트하우스, 구영철(역), 『마르틴 루터의 신학』(성광문화사, 1994), 192.

27. 위의 책, 192–193.

28. H. D. McCallie, "A Report from Mokpo, Korea," *The Missionary* 6(1912).

29. "The Death of Dr. W. H. Forsythe: Resolutions adopted by the Korea Mission," *The Korea Mission Field* 9 (1918): 165.

30. 『기독신보』 1929년 2월 13일.

31. "Annual Report of Kwangju Station: Medical Work," 1909 Station Reports of the Southern Presbyterian Mission in Korea (1909): 50.

32. Dr. George H. Winn, "Report of the Fusan Leper Asylum," 1910-1911, *The Missionary* 10(1912).

33. 최흥종, 「구라사업 50년사 개요」, 『호남일보』, 1960년 3월 18일.

34. Dr. R. M. Wilson, "Dedication of the Kwangju Leper Home," *The Missionary* 2 (1913).

35. Miss Ingold, M. D., "Glimpses of Medical Work in Korea," *The Missionary* 10 (1901): 468–470.

36. The Editor, "Needs of Korea," *The Missionary* 6 (1904): 290–291.

37. Minutes of the Thirteenth Annual Meeting of the Southern Presbyterian Mission in Korea, September, 1904, 16.

38. The Editor, "Editorial," *The Missionary* 8 (1905): 376.

39. William Junkin, "Letter to Mrs. Adelia Forsythe," March 17, 1905.

40. Mattie. S. Tate, "Letter to Mrs. Forsythe," April 3, 1905.

41. J. W. Nolan, "Korea: Experience at Chunju," *The Missionary* 10(1905): 496.

42. W. H. Forsythe, M.D., "The Work at Chunju," *The Missionary* 3 (1906): 128–130.

43. Rev. W. F. Bull, "Era of Great Things in Korea," *The Missionary* 9

(1905): 455–456.

44. Dr. W. H. Forsythe, "Mission and Missionaries," *The Missionary* 5 (1906): 202.

45. The Editor, "Investment of Prize Money," *The Missionary* 7 (1907): 327.

46. The Editor, "Korea," *The Missionary* 7 (1908): 358.

47. 크레인은 누나 Janet Crane(구자례)과 두 명의 남동생(John C. Crane과 Pauls. Crane)이 있었다. Janet Crane은 독신 선교사였고, 동생 John C. Crane은 순천 선교부에서 사역하는 동시에 평양신학교에서 조직신학 교수로 재직했다. 그의 아들 Paul Shields Crane(구바울)은 전주 예수병원 원장으로 재직했으며, 딸은 Southall 목사와 결혼한 후 한국에서 사역했다.

48. Rev. J. S. Nisbet, "Good Report from Chunju, Korea," *The Missionary* 10 (1907): 497–498.

49. W. H. Forsythe, "Prayer for Korea," *The Missionary* 11 (1910): 560.

50. W. H. Forsythe, "How Things are Moving in Korea," *The Missionary* 9(1909): 462–463.

51. George T. B. Davis, "Progress of the Million Movement: A Visitor' s Impressions," *The Missionary* 8 (1910): 397–399.

52. Miss Julia Martin, "A Trip to the Island of Chindo," *The Missionary* 11(1910): 556–557.

53. W. H. Forsythe, "The Million Campaign at Mokpo," *The Missionary* 1(1911): 75–76.

54. George T. B. Davis, "The Revival in Korea," *Living Waters* 11(1919).

55. 당시 제주도 선교는 전라노회가 담당했다. 이 때문에 광주, 목포, 순천, 전주 선교부는 교대로 목사, 선교사, 의사 선교사, 여성과 아동담당 선교사를 제주로 보내

어 사역하게 했다. 이들은 제주도 이기풍 목사가 시무하던 제주 성안교회를 연초에 찾아가 1개월여에 걸친 전도집회와 진료를 담당했다.

56. The Editor, "Korea Mission," *The Missionary* 5(1911): 240-241.

57. Notes from Quarterly Report, "From April to June at Mokpo".

58. H. D. McCallie, "A Report from Mokpo, Korea," *The Missionary* 6 (1911): 208-309.

59. 포사이드가 East Hanover Presbytery 내 Woman's Foreign Missionary Union이 주최한 버지니아 장로교회에서 행한 연설이다.

60. W. H. Forsythe, "Letter to the Editor," *The Korea Mission Field* 8 (1917): 207-208.

61. 어머니는 1921년 10월 19일에 죽었다. 그후 여동생은 다시 한국으로 와서 선교사 생활에 전념하였다.

62. 『기독신보』, "고 포 의사 추도식," 1918년 10월 2일.

63. 이들 7명은 Rev. and Mrs. Robert Knox, Rev. H. D. McCallie, Dr. F. S. Birdman, Dr. R. M. Wilson, Miss Ella I. Graham, Miss Bessie Knox 등이다.

64. The Editor, "Missions and Missionaries: Korea," *The Missionary* 8 (1908): 403.

65. Mrs. Eugene Bell, "Sunday School at Kwangju, Korea," *The Missionary* 5 (1909): 206-207.

66. 백내장 치료에 관한 소문은 더욱 퍼져나갔으며 "최근에 백내장으로 앞을 보지 못했던 남자를 수술해서 시력을 회복했다. 그는 우리가 새로운 선교부를 개설하려는 지역으로부터 왔으며 한 소년의 길 안내를 받으면서 80마을 걸어서 왔다"라고 하였다. Dr. R. M. Wison, "Kwangju Hospital," *The Missionary* 2 (1911): 76-77.

67. Dr. R. M. Wison, "Kwangju Hospital," *The Missionary* 2 (1911): 76-77.

68. Dr. R. M. Wilson, "The Plans of the Kwangju Hospital," *The Missionary Survey* 11 (1911): 4–5.

69. R. M. Wilson, "The Hospital at Kwangju, Korea-A Letter to Young People," *The Missionary* 3 (1912): 377–378.

70. Dr. R. M. Wilson, "Medical Work at Kwangju, Korea," *The Missionary* 2 (1911): 76–77.

71. Ibid.

72. Rev. S. K. Dodson, "Kwangju Happenings," *The Missionary* 2 (1913): 267–268; Dr. R. M. Wilson, "Dedication of the Kwangju Leper Home," *The Missionary* 3 (1913): 364–366.

73. The Editor, "A Blessing to be a Leper," *The Missionary Survey* 3 (1914): 224–225.

74. 『기독신보』, 1916년 6월 14일.

75. 『조선예수교장로회 사기』, 하권, 179.

76. 『기독신보』, 1919년 7월 30일.

77. 『기독신보』, 1920년 7월 21일.

78. 『기독신보』, 1925년 2월 18일.

79. 『기독신보』, 1925년 9월 2일.

80. 『기독신보』, 1926년 2월 24일.

81. 『기독신보』, 1927년 1월 12일.

82. 『기독신보』, 1927년 7월 12일.

83. 『조선예수교장로회 사기』하권, 322.

84. 『조선예수교장로회 사기』하권, 323.

85. 전남노회 제3회 노회록, 『조선예수교장로회 사기』 하권, 297.

86. 『조선예수교장로회 사기』하권, 325.

87. 『기독신보』, 1925년 1월 21일.

88. 『기독신보』, 「나병약 [콜무그라] 유를 발견한 이야기」, 1929년 2월 13일.

89. 『기독신보』, 「나병약 [콜무그라] 유를 발견한 이야기」, 1929년 2월 13일,

90. 『기독신보』, 1925년 2월 11일.

91. 『기독신보』, 1925년 2월 11일.

92. The Editor, "Station Brevities: Kwangju," *Korea Mission Field*, 1923.9.

93. 『기독신보』, 1925년 6월 25일.

94. 『전남일보』 1966년 5월 18일자에 의제 허백련 선생의 "오방선생을 애도함"이라는 조사와 함께 전면을 소개했다. 『전남매일신문』은 1966년 5월 15일과 19일에 걸쳐서 최흥종 목사를 추모하는 글을 실었다.

95. 최흥종, 「구라사업 50년사 개요」.

96. Ibid.

97. 최흥종 목사는 포사이드 의사가 자신과 동년배라고 했지만 그렇지 않은 것 같다. 그의 여동생 Jean Forsythe가 오빠의 죽음을 추모하여 쓴 글을 보면 포사이드는 1973년 12월 25일, Mercer County, Kentucky에서 태어났음을 알 수 있다. 따라서 포사이드 의사는 최흥종 목사보다 7살 연상이다. (Jean Forsythe, "William Hamilton Forsythe, M.D.)

98. 원문은 노자의 도덕경 제4장에 나오는 "화기광(和其光)", "동기진(同其塵)"에서 나온다. 광(光)은 지혜와 지식을 나타내고, 진(塵)은 무지와 세속을 가리키는 것으로서, 빛을 고르게(和光), 겸손하게 먼지에 섞어(同塵) 살라는 말이다. 즉, 평범하게 살라는 말씀으로서 최흥종 목사의 인품과 삶을 표현하였다. 이 휘호는 광주 YMCA 사무실에 걸려 있었는데 이승만 대통령이 당선된 이후 이는 떼어냈다고 하며, 최흥종 목사는 눈물을 흘렸다고 한다.

99. C. C. Vinton, "Presbyterian Mission Work in Korea," *The Missionary Review of the World* 9 (1893): 671, 백낙준은 그의 책 『한국개신교사』 212쪽에

서 이 내용을 인용하고 있다. 더 자세한 내용은 같은 책 169-170쪽을 참고하라.

100. 교회는 1894년 동학농민혁명 이후 일본군을 피해다니던 동학교도들에게 피난처를 제공해 주고 보호자 역할을 했으며, 광주 인근의 영신교회와 하나말교회 교인들의 예배에 지역 양반들이 안으로 난입하여 구타하는 불상사가 일어났다. 이에 목포에 있던 선교사들은 이들을 보호하였다. "지난 주일날 밤에 일단의 무뢰한들이 하나말교회가 예배 드리기 위해 모인 장소를 습격했다. 교인들을 매우 두들기고 성경책 등을 찢고, 그들의 집을 점령했다. …… 오늘 우리는 그 지방의 관리에게 찾아가서 이 사건을 조사해 줄 것을 요청했다." (John F. Preston, "Letter to Mother," 4 April 1904) 이렇게 편지하면서 프레스턴(John F. Preston, 변요한 목사)은 "선교지로부터 60마일이나 떨어져 있으니까 무슨 선교가 될 수 있겠는가 우리들이 하나말교회에 있었더라면 이러한 일이 어떻게 일어날 수 있었겠느냐"고 적고 있다. (John F. Preston, "Letter to Mother," 4 April 1904) 이 같은 예는 여천군 남면 우학리교회 설립과정에서도 분명하게 드러난다. 차재명(편), 『조선 예수교 장로회 사기』 상권(조선 예수교 장로회 총회, 1928), 258.

101. 개신교 선교활동의 결과가 사회적 변화에 얼마나 큰 효과를 발휘하였는가에 대하여는 이광수도 '야소교의 조선에 준 은혜'라는 논문에서 지적한 바 있다. 이광수, 「야소교의 조선에 준 은혜」(1917), 『이광수 전집』제10권(삼중당, 1971), 17-19.

102. 협성회에서는 다음과 같은 논의를 했다. 1) 국문과 한문을 혼용하는 것에 대하여, 2) 처, 자매, 딸을 각종 학문으로써 교육하는 것에 대하여, 3) 남녀의 교제를 금지하는 것에 대하여, 4) 노비를 양민화하는 것에 대하여, 5) 회원들은 20세 이내에 결혼하지 않는 것에 대하여, 6) 우리나라의 되(升)와 자(尺)를 규격화하는 일에 대하여, 7) 국민으로서 20세 된 자는 일체 병역에 복무하는 일에 대하여, 8) 각처에 공원에 설치하여 인민을 양생시키는 일에 대하여, 9) 사농공상 학교를 설립하여 인민을 교육하는 일에 대하여, 10) 묘지를 풍수설에 의하여 구하지 않는 일에 대하여, 11) 물품 매매시 에누리하지 않는 일에 대하여, 12) 각종 문서를 횡서로 쓰는 일에

대하여, 13) 우리나라에서 상하위원의 설립이 정치적으로 급선무인 것에 대하여. 강재언, 정창렬(역), 『한국의 개화사상』(비봉출판사, 1981), 312.

103. 1911년부터 1942년까지 호남지역과 광주에서 활동했던 탈마지(J. V. N. Talmage, 타마자) 목사는 자신이 경험한 한국인들의 개종 동기를 이렇게 표현했다. "첫 번째 전도여행: …… 네 번째 방문한 교회는 방바닥에 100명 이상이 앉을 수 있는 건물을 가지고 있지만, 한쪽 구석에 겨우 6명의 기독교인들만 모여 있었다. 처음에 교회로 많은 사람들이 몰려든 까닭은 영적이라기보다는 정치적인 이유 때문이었다. 한국인들은 갑작스럽게 일본인을 의식하고서 교회로 배우기 위하여 몰려들었다. 그들은 교회를 학교로 생각하는 면이 더 많다." J. V. N. Talmage, "Prison Diary(1)", 11.

104. 엄정하게 중립을 지키고 간섭하지 않는다는 원칙은 한국이 정치적인 자주권을 잃고 일본의 손아귀에서 움직여 가는 과정에서도 잘 드러난다. 1895년 8월 을미사변으로 명성왕후가 일본인들에게 살해당하자, 고종은 침전에서 밖으로 나가지 않았다. 언더우드, 에비슨, 러시아 공사 등이 방안에서 함께 지냈으며, 언더우드와 러시아 공사의 가정에서 가져다 주는 음식만 먹었다. (L. H. 언더우드, 이만역(역), 『언더우드: 한국에 온 첫 선교사』(기독교문사, 1990), 157) 한국의 지속적인 정치적 불안상태는 선교사들에게 있어 한국인들을 복음으로 대량 개종시킬 수 있는 호기회로 보였다. 그래서 1904-1905년의 러일전쟁과 을사보호조약 체결 이후의 일본군 주둔이 사회의 안정에 기여하며, 또한 러시아를 한반도에서 몰아냄으로써 선교의 호기회가 지속될 수 있을 것이라고 보았다. 불 선교사는 을사보호조약이 체결된 즈음에 이르러, "한국이 전체적으로 소용돌이치는 불안정한 상태에 놓이게 되었다. 이러한 심리적 불안정은 한국인으로 하여금 의지가 되고 보호가 될만한 것을 찾게 하였다. …… 내가 말하고자 하는 것은 한국인들이 수용적인 자세로 바뀌었으며 복음을 들으려 한다"고 말하였다. (William F. bull, "Era of Great Things in Korea," *The Missionary* 10(1905): 455)이와 같은 일관된 태도는 1910년의 국

권침탈의 상황에서도 마찬가지였다. 다시 말해 정치 혹은 사회에 대한 목소리를 내지 말고 오로지 복음에만 전념함으로써 이 어려운 상황을 이겨낼 수 있다고 보았다. 미국 남장로교 선교본부에서 발행되는 *The Missionary*는 "한국의 현재적인 불안한 상황에서 우리가 할 일은 예수 그리스도의 복음을 이 고통 받는 백성들에게 주는 것이다. 한국에서 우리는 몇 번이고 거듭하여 한국인 기독교인들이 하나님의 뜻에 순종하고 하나님께 전적으로 맡겨야 한다고 강조하는 것을 들었다. 이것만이 한국이 할 수 있는 일이며 한국이 복음에 순종하는 것에 비례하여 한국의 이 엄청난 문제가 평화롭게 해결될 것이다" 라고 보았다. "The Editorial," *The Missionary* 3(1910): 100-101.

105. 이광수는 이 문제를 논리적으로 비판했다. 그는 1917년 「야소교가 조선에 준 은혜」와 「금일 조선 야소교회의 결점」이라는 논문을 발표했다. 이광수는 한국교회의 문제점으로 교회의 계급성, 교회 지상주의, 교역자의 무식함, 그리고 미신적 신앙태도 등을 열거했다. 이광수, '금일 조선 야소교회의 결점' (1917), 『이광수 전집』 제10권(삼중당, 1971), 20-24.

106. 1928년, 광주의 뉴랜드(LeRoy T. Newland: 남대리) 목사는 「오늘날 한국에서의 선교사와 그의 메시지」 (The Missionary and His Message for Present-Day Korea) 라는 글을 발표하여 교회의 사회봉사적 활동은 사회복음으로 규정하고 교회중심적인 순수한 복음만을 강조했다. 1934년에 마펫은 교회가 복음 이외의 사업에 개입하는 것을 적극적으로 금지하면서 오직 복음만, 그것도 자신이 40년 전에 전해준 복음만 전하도록 역설했다.

107. 최흥종 목사의 복음적-사회봉사적 목회자적 삶은, 오늘날 한국교회가 21세기 새로운 선교적 최우선 과제로 삼고 있는 것이 사회적 관심을 갖는 것이라는 측면에서 볼 때 선구적인 방향 제시였다고 말할 수 있다.

108. R. M. Wilson, My Life among the Lepers, *The Presbyterian Survey* 7 (1943): 362.

109. R. M. Wilson, Dear Friends, March 25, 1931.

110. Mrs. Sara Elizabeth Talmage (윌슨 의사의 큰 딸)의 증언, 2003년 2월.

111. Minutes, Southern Presbyterian Mission in Korea, 1925-1927.

112. J. Kelly Unger, "A Remarkable Story of a Remarkable Man," 606-608.

113. R. M. Wilson, Dear Friends, March 25, 1931.

114. 이만열,『한국 기독교 문화운동사』(대한기독교출판사, 1987), 231.

115. 1908년 미국 북장로교 선교사로 파송된 커 선교사는 재령 선교부에서 활동했다. 1917년 이후 서울로 옮겨서 일본인을 상대로 선교활동을 전개했고, 부인은 일본여성의 개화와 자유를 위한 계몽활동을 담당했다. 일제말기에는 미국의 첩자로 오인을 받아 유폐생활을 겪기도 했다. 2차 세계대전 이후에는 맥아더 장군의 군정에 협력하였으며, 일본에 거주하면서 한국인의 지위향상과 권익보호에 노력했다. 김승태, 박해진 엮음,『내한 선교사 총람: 1884-1984』(한국기독교역사 연구소, 1994), 328.

116. William C. Kerr, "Shinto Shrines in Chosen", *The Korea Mission Field* 4 (1925): 82-83.

117. LeRoy. T. Newland, "My Dear Friends," 8 October 1932.

118. LeRoy. T. Newland, "My Dear Friends," 16 November 1936.

119. LeRoy. T. Newland, "My Dear Friends," 20 October 1937.

120. James I. Paisley, "Dear Friends," 17 October 1938.

121. LeRoy. T. Newland, "The Church Problem in Korea," November 1938. 이 보고서는 12월 3일에 미국의 총회 본부에 도착했다. 당시 전남노회의 노회장 박연세 목사는 신사참배를 가결한 자신을 자책하는 마음에서 일제의 요구에 불응함으로써, "불경 보안법 위반과 조선 임시보안령 위반죄"로 징역 1년을 선고 받아 복역 중 순교했다.

122. James I. Paisley, "Dear Friends," 17 October 1938.

123. Ibid.

124. Ibid.

125. Ibid.

126. James I. Paisley, "Dear Friends," 13 July 1938.

127. Ibid..

128. Ibid.

129. 이 부분에 관한 연구는 1965년 박정희 정권이 한일협정을 맺는데 자극을 받아 일어나기 시작했으나, 바로 중단되었다. 그 후 1990년대에 이르러 본격적으로 연구가 시작하였다. 이 분야 연구의 선구자는 임종국이다. 그는 군부독재의 서슬이 날카롭던 1966년에 『친일문학론』(평화출판사)을 출판하여 지금까지 알려진 각종 친일단체의 허상을 자세하게 밝혔다. 그 후 『일제침략과 친일파』(평화출판사, 1982), 『일제하의 사상탄압』(평화출판사, 1985)을 출판했다. 한국사회의 민주화와 함께 1990년에 들어서면서 친일행적을 다루는 서적들이 다수 출판되었다. 임종국의 『실록 친일파』(돌베게, 1991)를 비롯하여 반민족연구소가 『친일파 99인: 분야별 주요 인물의 친일이력서』(돌베게, 1993) 전3권을 출간했는데 그 가운데 제2권은 여성계의 김활란, 고황경, 황신덕, 박인덕을, 제3권에서는 기독교계의 박희도, 정춘수, 정인과, 진필순, 김길창을 다루었다. 이 밖에도 여러 출판사에서 친일파 연구에 관한 책을 출간하였고, 기독교계 역시 신사참배 문제와 관련한 교회와 교역자들의 신앙변절에 관한 다수의 글이 나왔다.

130. 유영렬, 『개화기의 윤치호 연구』(한길사, 1985), 230, 242.

131. 윤치호는 조선이 청나라의 지배를 받는 것보다 유럽 국가의 지배를 받는 것이 낫다고 생각했고, 노일전쟁 이후에는 일본의 지배가 더욱 좋다고 생각했다. 1905년 10월 16일자 「일기」에서 "일본은 이 소망스런 반도를 병합할 때까지 한국에서 분란을 야기할 것으로 확신하다"고 보았고, 1905년 9월 7일자 「일기」에서 "나는 황인종의 일원으로서 일본을 사랑하고 존경한다"고 했으며, 1905년 11월 18일

자 「일기」에서 “나는 일본이 거창한 발표와 지루한 약속이 아니라 명백한 행동과 실례로써 한국인의 이익을 보호할 것을 희망한다”고 밝혔다.

132. 유영렬, 『개화기의 윤치호 연구』, 244-250.

133. 이를 계기로 지금까지 각 교회를 담임하던 목회자는 교회로부터 축출당했다. 예를 들어, 광주 양림교회 김창국 목사, 금정교회 이경필 목사, 중앙교회 최병준 목사, 제주도 성안교회 정순모 목사는 담임목사직을 박탈당해 교회를 떠나야 했다. 이에 전라남도와 제주도를 총괄하여 감리교 신학대학 교수인 정경옥 목사가 부임했다. 그는 광주 금정교회에 사무실을 두고, 휘하에 전도사(성갑식, 김천배, 백영흠, 조아라)를 배치해 교회를 심방했으며, 예배는 세 곳의 교회를 순회하면서 드렸으며 나머지 교회는 부동산으로 매각하여 국방헌금으로 활용했다.

134. 1945년 7월 19일 일본기독교 조선교단이 출범할 당시 각각 장로교 대표 27명, 감리교 21명, 구세군 6명, 작은 교파 5곳에서 각 1명씩 참가했다. 이 모임의 서기는 김종대 목사였는데, 이들의 명분은 재래의 자유주의적 분열로부터 통일과 합동의 깃발아래 모여서 일본적 기독교를 새로이 수립시키는 동시에 대동아 공영권 안에서 힘을 모아 종교보국에 매진하여야 한다는 것이었다.

135. 광주의 모 교회를 담임하던 목회자는 종각의 종을 바치는 과정에서, 당국에서조차 떼어내지 못하고 포기한 종을 산소 용접기를 동원하여 절단하여 자진 헌납하는 열성을 보이기도 했다. 이러한 목사가 현재까지 지역민들 사이에서 성인처럼 높이 존경 받고 있다는 점은 안타깝다. 유가족을 감안하여 이름을 밝히지 않는다.

136. 이들은 이기선, 김인희, 채정민, 방계성, 이주원, 김형락, 주남선, 한상동, 안이숙, 오윤선 등이며 이들과 제휴한 선교사는 F. Hamilton, D. R. Malsbury, D. Hocking, W. H. Chisholm, M Trudinger, M Stuckey다.

137. 민경배, 『주기철』 (동아일보사, 1992), 171.

138. 이 설교문은 산정현교회의 교인이며, 방계성의 사위였던 오재길씨가 기록하여 후대에 자세하게 알렸다. 민경배, 『주기철』, 163.

139. 민경배, 『주기철』, 164-167.

140. John C. Crane, The Presbyterian Theological Seminary, Pyungyang, Korea, November 13, 1939 (Confidential - not for publication in connection with writer's name).

141. Ibid.

142. John C. Crane, Personal Report of Rev. and Mrs. J. C. Crane, for year ending June 1, 1940 (A Personal letter - do not publish).

143. J. C. Crane, Dear Friend, November 25, 1940 (A Personal Letter - do not publish).

144. J. F. Preston, Dear Friends, November 25, 1940. (On board SS "Mariposa").

145. R.M. Wilson, Dear Friends, July 1941. (A Personal Letter - do not publish).

146. R.M. Wilson, Dear Friends, March 7, 1941. (A Personal Letter - do not publish).

147. J. V. N. Talmage, Prison Diary, Chapter 8: Leper Accounts in Jail, 17.

148. 손동희, 『사랑의 순교자 손양원 목사 옥중목회』(보이스사, 2000), 74.

149. 손동희, 『사랑의 순교자 손양원 목사 옥중목회』, 263.

150. 김충남, 『순교자 주기철 목사 생애』(백합출판사, 1991), 164-165.

151. 손동희, 『사랑의 순교자 손양원 목사 옥중목회』, 184-185.

152. 손동희, 『사랑의 순교자 손양원 목사 옥중목회』, 40-41.

153. 손동희, 『사랑의 순교자 손양원 목사 옥중목회』, 190.

154. 손동희, 『사랑의 순교자 손양원 목사 옥중목회』, 191.

155. 손동희, 『사랑의 순교자 손양원 목사 옥중목회』, 55.

156. 손동희, 『사랑의 순교자 손양원 목사 옥중목회』, 35-36.

157. 손동희, 『사랑의 순교자 손양원 목사 옥중목회』, 174.

158. 손동희, 『사랑의 순교자 손양원 목사 옥중목회』, 40.

159. 이광일 엮음, 「공판조서」, 『손양원 목사 옥중 서신』(손양원 목사 순교기념사업회, 1993), 16-19.

160. 1945년 8월 10일 일본은 연합군에 무조건 항복을 통보했다. 일본은 이 사실을 조선총독부에게 알리면서 조선 내에 있는 일본인들의 생명과 재산을 보호하도록 명령했다. 이에 따라 총독 엔도(遠藤)는 송진우와 논의하고자 했으나 거절당하고, 중도좌파에 속한 여운형과 논의했다. 최영관 교수와의 면담, 1996. 8. 26, 이동화, 「8.15를 전후한 여운형의 정치활동」, 송건호 외, 『해방전후사의 인식1』(한길사, 1989), 364-365.

161. 송건호 외, 『해방전후사의 인식1』, 369.

162. 송건호 외, 『해방전후사의 인식1』, 173-174.

163. 송건호 외, 『해방전후사의 인식1』, 180-181.

164. 송건호 외, 『해방전후사의 인식1』, 181.

165. 이로 인해 당시 전라남도 도청은 최씨 도청이라는 소문이 나돌 정도였다고 한다.

166. 여기에는 조선노동조합 광주지방평의회(광평), 목포지방 평의회(목평), 화순탄광, 그리고 광주의 종연방직 공장에 조직된 노동조합이 포함되어 있었다. 이 곳은 미군정청의 철저한 감시와 공산당 색출작업의 대상이 되었다.

167. 송건호 외, 『해방전후사의 인식1』, 186.

168. 미 군정청 시절에 발탁된 한국인 관료는 엘리트들이었다. 이때 충원된 대부분의 인사들은 다음과 같은 성격을 지녔음을 알 수 있다. 1) 기독교 신자, 2) 미국과의 직간접 연관성이 있는자, 3) 특정 정당, 이 중에서도 한민당계의 인사들, 4) 흥사단 계열의 인사들 ; 진덕규, 「미군정의 정치사적 인식」, 송건호 외, 『해방전후사의 인식1』, 55 참고.

169. 한영제(편), 『한국기독교 인물 100년』(기독교문사, 1987), 86-87.

170. 대한예수교장로회 소록도교회, 『소록도교회의 역사』, 14.

171. R. M. Wilson, My Life Among the Lepers, *The Presbyterian Survey* 7 (1943): 306.

172. R. M. Wilson, Korea Today, *The Presbyterian Survey* 1 (1948): 9.

173. Ibid.

174. My Dear Uncle John, March 26, 1946.

175. John S. Wilson 증언, 2003년 2월.

176. 손동희, 『나의 아버지: 손양원 목사』(아가페, 1999), 176-177.

177. 손동희, 『나의 아버지: 손양원 목사』, 185-186.

178. 손동희, 『나의 아버지: 손양원 목사』, 223.

179. 손동희, 『나의 아버지: 손양원 목사』, 225-226.

180. 박개문, 배길홍 증언, 2003년 5월 14일 오후 2시.

181. 손양원, 「성경대로 살자」, 『파수군』제4호 (고려신학학우회, 1950. 4. 1).

182. 오마르다 권사, 오은자 권사와의 대담, 2003년 3월 11일.

183. 박개문 집사 증언, 2003년 5월 14일 오후 2시.

184. Ibid.

185. 오마르다 권사, 오은자 권사와의 대담, 2003년 3월 11일.

참고문헌

1차 자료

손동희 편, 『손양원 목사 옥중 목회』(보이스사, 2000).

안용준 편, 『산돌 손양원 목사 설교집』(경천애인사, 1962).

------, 『산돌 손양원 목사 설교집』상(신망애사, 1963).

------, 『손양원 목사 설교집』(신망애사, 1969).

이광일 편, 『손양원 목사 설교집1 – 성경대로 살자』(손양원 목사 순교기념사업회, 1991).

------, 『손양원 목사 설교집2 – 오늘이 내 날이다』(손양원 목사 순교기념사업회, 1994).

------, 『손양원 목사 설교집3 – 주 안에서 죽는 자들이 복이 있다』(손양원 목사 순교기념사업회, 1995).

------, 『손양원 목사 옥중서신』(손양원 목사 순교기념사업회, 1993).

------, 『손양원 목사 체형 조서』(손양원 목사 순교기념사업회, 1997).

피종진 편, 『한국교회 초기 설교선집; 손양원 목사 – 성경대로 살자』(도서출판 기쁜날, 2006).

* 지금까지 손양원 목사의 1차 자료 복원 작업은 여러 차례 진행되었지만, 대체로 안용준 목사가 엮었던 초기 설교집에 근거하여 작성된 것으로 각각 큰 차이를 보이지 않는다. 게다가 안용준 목사는 주로 손양원 목사의 구두 설교를 되살리는 작업에

중점을 두었기 때문에, 정작 손양원 목사의 자필 설교 노트에 기록되어 있는 대부분의 설교들을 누락했다는 한계를 지닌다. 이런 상황에서 한국고등신학연구원(KIATS)은 '손양원 목사 기념관'에 보관 중인 2천 페이지가 넘는 방대한 양의 손양원 목사 자필 설교 노트를 해독하는 작업을 2007년 말부터 진행해 왔으며, 이 성과는 2008년 하반기부터 단행본 형태로 출간될 예정이다. *

2차 자료

김인서, 「殉敎者 孫良源牧師를 弔함」, 『신앙생활』 제7/8호, 1951(7/8월).

박구서, 「손양원 목사의 가정교육에 대한 기독교 교육 신학적 해석」, 계명대학교 대학원 박사학위논문, 1998.

박철희, 「손양원 목사의 설교연구」, 장로회신학대학교 대학원 석사학위논문, 1998.

손동희, 『나의 아버지 손양원 목사』, (아가페출판사, 1994).

안용준, 『사랑의 원자탄』, (성광문화사, 1949).

이광일, 『손양원 목사의 생애와 사상』, (글로리아, 1995).

이진원, 「신앙의 발자취를 따라서-손양원 목사 순교기념관을 찾아서」, 『교육교회』 제250호, 1997.

이홍술, 「순교자 손양원 목사의 윤리사상에 대한 연구」, 장로회신학대학교 대학원 석사학위논문, 1993.

----, 『순교자 손양원 목사의 생애와 신앙』, (도서출판 누가, 2002)

정성구, 「손양원 목사의 설교론」, 『신학지남』 제203호, 1984.

손양원 목사 연표

1902년 6월 3일 경남 함안군 칠원면 구성리에서 부친 손종일 장로와 모친 김은주 집사의 장남으로 출생

1908년 부친의 입신 때 7세 소아로 입신

1914－1919년 칠원공립보통학교 입학 및 졸업

1917년 맹호은 선교사에게 세례 받음

1919년 서울 중동학교 입학

1920년 부친 손종일 장로의 독립만세 운동으로 구속, 서울 중동학교 자퇴

1921－1923년 일본 동경 스가모(소압)중학교 졸업

1924년 정양순 여사와 결혼

1924년 칠원읍 교회 집사 피선

1925년 11월 6일 아들 동인 출생(1948년 10월 21일 여순사건 때 순교)

1926년 경남 성경학교에 입학. 부산 감만동 교회 외지 전도사로 부임

1929년 경남 성경학교 졸업

1932년 감만동교회 사임

1926－1932년 외지 전도사로 있으면서 밀양 수산, 울산 방어진, 울산 남창, 부산 감만동, 부산 남부민, 양산 원동 교회 개척.

1932－1934년 부산 남부민교회 시무

1930년 9월18일 아들 동신 출생(1948년 10월21일 여순사건 때 순교)

1935년 평양신학교 입학. 능라도교회 시무

1938년 평양신학교 졸업

1938-1939년 부산, 양산군, 김해군, 함안군 등지의 교회를 순회 전도하면서 신사 참배 반대 운동 전개.

1939년 여수 애양원 교회 부임(한국인으로는 2대 목사로 부임)

1940년 9월 신사 참배 거부로 여수 경찰서에 검속

1940년 11월 광주 형무소에 투옥

1943년 10월 청주 보호 교도소에 감금

1945년 8.15 해방으로 석방

1946년 경남노회에서 목사 안수 받음

1948년 10월21일 여순사건으로 동인, 동신 형제 순교. 두 아들을 죽인 원수를 살려 양 아들로 삼음

1950년 6.25 동란으로 공산군에게 검속

1950년 9월 28일 여수시 둔덕동 617-10(당시 과수원 골짜기)에서 순교

1993년 4월 27일 손양원목사 순교 기념관 개관

1995년 8월 15일 국가 독립 유공자로 선정되어 건국훈장 애족장 수상

손양원 목사 순교기념선교회

손양원 목사 순교기념선교회

손양원 목사 순교기념 선교회는 한국기독교를 사랑으로 빛낸 산돌 손양원 목사의 신앙과 삶을 계승하기 위해 여수 인근의 17개 교회가 모여 1999년에 시작되었습니다. 현재 본 선교회는 손양원 목사가 보여준 사랑과 영성을 국내외 사람들에게 전파하는 일을 추구하고 있습니다. 특별히 북한을 비롯한 아시아에 복음을 전하기 위해 노력하고 있습니다. 1999년 설립이래 본 선교회가 진행해 왔던 사역은 다음과 같습니다.

손양원 목사 순교기념선교회 양력

1999년 11월 여수지역 17개 교회 목회자들이 모여 창립 총회를 하다. 초대 회장에 여천제일교회 박병식 목사를 추대하다.

2000년 3월 여수시 전체 교회들의 참여로 손양원 목사 순교 50주년 기념행사를 갖다. (여수시에 장학금전달, 노인초청잔치, 기념예배 개최 등)

2000년 10월 북방선교를 위해서 중국 동북부 지역과 백두산을 다녀오다. 남북한 사랑나누기운동본부의 협력으로 북한에 식량 4톤을 보내다.

2000년 11월 유진벨 재단과 협력하여 북한에 농기구를 보내다.

2001년 6월 중국 00시에 제1기, 제1회 처소교회지도자 성서신학원을 개설하다.

강의와 재정을 본회에서 담당하다. (참가 지도자 60명)
장학생 6명에게 장학금을 수여하다.
중국 00지역 한센씨 병 환우 선교를 위해 중국인 의사 000를 애양원 병원에서 수련하게 하다. 그 후 치료약을 계속해 보내다.
7월 '조선그리스도교연맹(위원장: 강영섭목사)에 비닐하우스 작업을 위한 트럭 1대를 보내다.
북한 00지역 인민학교에 식량 4톤과 학교 수리비를 지원하다.
본회가 추천하여 석창교회는 중국 00시에 조선족 교회를 개척하고 중흥교회는 한족교회를 개척하다.

2002년 2월 본회 회장이 평양을 방문하다.
4월 중국 대륙복지회(애화재활병원)에 본회 회장을 이사로 파견하다.
8월 북한에 식량 10톤을 보내다.
12월 우즈베키스탄 송의광 선교사(본회 중흥교회 송태종 목사의 2남)을 지원하다.

2003년 5월 중국 00시에 본회와 회원교회에서 모금하여 장학생기숙사를 만들다.

2004년 2월 미얀마 응애싸옹에 땅을 구입하고 신학교육과 본회 수양시설을 겸한 선교본부를 세우기로 하다.
북한 평양시 모란봉 근처에 왜성 사과밭 15,000평을 조성하여 1만주를 식재하다. (총 경비 43,600,000원은 부활절

본회 회원교회 성도들에게 사과 1그루 심기 헌금을 하다)

향후 5년간 본 회원 중 5명씩 매년 북한을 방문하여 과수 성장 확인 및 처소교회 방문을 할 수 있도록 북한 당국과 합의하다.

2월 회원교회가 새 성전을 건축하여 입당하므로 기념품을 증정하다. (여천교회, 평강교회, 광림교회, 동광교회)

12월 초대 회장 박병식 목사의 임기 만료로 신용호 목사(동광교회)가 2대 회장에 취임하다.

여수시와 본회가 손양원목사 순교지(현 새중앙교회 부근)를 역사유적공원으로 조성할 것을 합의하고 동 사업의 종합계획을 위해 호남신학대학 차종순 교수를 추천하다.

2005년 5월 중국 00시 성서신학원 제1기 6회를 마치고 수료생 24명에게 초급지도자 자격증을 수여하다.

북한에 조성된 사과 밭 비료 1컨테이너(18.5톤)를 보내다.

6월 제1회 미얀마 신학교 목사 계속 교육을 실시하다.

8월 본회에서 호남신학대학교 역사신학 담당 차종순 교수(현재 총장)에게 의뢰한 『애양원과 손양원』 출판기념감사예배를 성산교회에서 드리다.

본회에서 조성한 북한 사과농장에 울타리를 본회 회원교회인 산돌교회(신민철 목사시무)에서 만들어주다.

2006년 6월 미얀마 선교지를 본 회원들 9명이 방문하다.

7월 북한에 본회와 회원교회의 모금으로 밤나무 1만주를 식재하다.

미얀마 수도 양곤에 4층 400평 규모의 손양원 선교센터를 본회와 성산교회가 협력하여 건립하기로 하다. 본회의 추천으로 애양원 병원에서는 양곤에 진료소를 설립하고 석창교회는 50주년 기념교회를 세우기로 하다.

2007년 2월 2대 회장 신용호 목사의 임기만료로, 오현석 목사가 3대 회장으로 취임하다.

우즈베키스탄 송의광 선교사와 체코 장지연 선교사를 향후 3년 동안 지원하기로 하다.

12월 중국00시에 제2기 1회 성서신학원을 개강하다.

2008년 3월 2012년 여수복음엑스포 프로젝트 개발을 김재현 박사에게 의뢰하고 본회에서 출판한 『애양원과 손양원』의 영문화 작업을 시작하다.

손양원 목사 순교기념선교회 회원

1. 강점석 (여수 벧엘 ; kjs4120@naver.com)
2. 고만호 (은파 ; manho4777@hanmail.net)
3. 김병찬 (성동 ; bck5106@hanmail.net)
4. 김병천 (성복 ; welf21@hanmail.net)
5. 김영천 (현천 중앙 ; hd1004k@hanmail.net)
6. 박남인 (석창 ; pk4291@korea.com)
7. 박병식 (여천 제일 ; park7ok@chollian.net)
8. 박승호 (성광 ; amen33s@korea.com)
9. 배용주 (광림 ; y6531062@hanmail.net)
10. 서계현 (안산)
11. 신민철 (산돌 ; cheoulja@chollian.net)
12. 신용호 (동광 ; dkpck@hanmail.net)
13. 오현석 (평강 ; ohs51@hanmail.net)
14. 왕재권 (영광 ; pastorwang@hanmail.net)
15. 윤이남 (선민 ; yin41@hanmail.net)
16. 이광일 (성산 ; church@aeyangwon.org)
17. 이규원 (방주 ; kw0090@hanmail.net)
18. 이호윤 (여수 중앙 ; hylee134@gmail.com)
19. 임지형 (중흥 ; imofgod@hanmail.net)
20. 장부익 (신기)

21. 정훈 (여천 ; jjyeosu@hanmail.net)

22. 천대형 (봉두 ; chundai1@hanmail.net)

23. 한영은 (미평 ; hama9191@naver.com)